Klosterführer

für die Kreise Höxter und Paderborn

Informationen und Tipps

zu den

Klöstern der Klosterregion

Klosterführer
für die Kreise Höxter und Paderborn

1. Auflage

ISBN: 3-9805700-7-X

Herausgeber: Kreis Höxter
                               Kreis Paderborn
                               Landschaftsverband Westfalen-Lippe

Gesamtredaktion: Oliver Brehm

Autoren: Manfred Balzer
                               Oliver Brehm
                               Rudolf Jäger
                               Peter Möhring
                               Markus Moors
                               Siegfried Rudigkeit
                               Dieter Schnell
                               Walter Strümper
                               Klaus Zacharias

Gestaltung: RLS Jakobsmeyer GmbH, Paderborn

Litho: RLS Jakobsmeyer GmbH, Paderborn

Druck: Huxaria-Druckerei GmbH,
                               Verlag und Werbeagentur, Höxter

© 2000

Photo Seite 2: Ehem. Klosterkirche, Dalheim

Vorwort

Das Projekt **"Klosterregion Hochstift Paderborn / Corvey"**, das als regionales Kulturprojekt der EXPO-Initiative OstWestfalenLippe anerkannt ist, wird in gemeinsamer Trägerschaft von den Kreisen Höxter und Paderborn sowie dem Landschaftsverband Westfalen-Lippe durchgeführt.

Mit dem vorliegenden Führer zu den Klöstern in den Kreisen Höxter und Paderborn ist die Absicht der Projektträger verbunden, das reiche monastische Erbe der Region einer breiten Öffentlichkeit zu erschließen und ebenso das heutige, lebendige und vielgestaltige Klosterleben anschaulich zu machen.

Der Begriff 'Gemeinschaftsprojekt' spiegelt den Grundgedanken und die Motivation in der Anlage und der Durchführung des Projekts "Klosterregion" in vielerlei Hinsicht wider. Gemeint ist nicht nur die Trägergemeinschaft, sondern vor allem die Zusammenarbeit mit allen Verantwortlichen der hier vorgestellten Klöster. Ohne deren Bereitschaft zur Mitarbeit hätte der Klosterführer nicht in dieser Form erscheinen können. Ihre Informationen und Anregungen sind in die Texte der Autorengemeinschaft eingeflossen.

Zu danken haben wir auch Prof. Dr. Karl Hengst, Paderborn, für die Beratung und Durchsicht des Manuskripts, sowie Dr. Jens Schneider und Sascha Käuper, Paderborn, für das Korrekturlesen.

Mit 41 Klöstern präsentiert sich die Klosterregion ebenso abwechslungsreich wie eindrucksvoll. Der Klosterführer soll die Blicke jedoch nicht nur auf die großen, geschichtsträchtigen Einrichtungen, sondern auch auf die vielen bisher verborgenen Kleinodien lenken. Klöster sind Ausdruck und Sinnbild der kulturellen Vielfalt unserer Region, die sie seit nunmehr 12 Jahrhunderten auf verschiedenartige Weise geprägt haben.

Der Klosterführer zeichnet die geschichtliche Entwicklung der Klöster im Corveyer und Paderborner Land nach und rückt die reiche monastische Tradition ins Bewusstsein. Besonderes Augenmerk wird aber auch auf die Klosterniederlassungen des 19. und 20. Jahrhunderts und die klösterlichen Gemeinschaften anderer christlicher Konfessionen wie die der koptisch- oder syrisch-orthodoxen Kirche gerichtet. Mit der Verbindung von Geschichte und Gegenwart werden dem Leser unterschiedliche Facetten klösterlichen Lebens und Wirkens aufgezeigt.

Die Säkularisation im beginnenden 19. Jahrhundert hatte zur Folge, dass ein Großteil der Klöster einer anderen Nutzung zugeführt wurde. Die als Bildungseinrichtungen oder Museen genutzten ehemaligen Klöster leisten heute einen wichtigen Beitrag zum kulturellen Leben der Region.

Klöster sind in erster Linie eine Gemeinschaft von Frauen oder Männern, die sich aus ihrem Glauben heraus ganz oder teilweise aus der Welt zurückziehen, um nach festen Regeln in der Gemeinschaft in besonderer Weise beten, geistlich leben und wirken zu können. Eine strikte Trennung zwischen der Welt innerhalb und außerhalb der Klostermauern hat es jedoch auf Grund der Abhängigkeitsverhältnisse voneinander nie gegeben.

Ehem. Kanonissenstift Heerse, Bad Driburg-Neuenheerse

Wechselnde Aufgabenstellungen der Orden und eine verstärkte Verankerung in den weltlichen Bereichen kommen hinzu. Hier zeigt sich, dass gemeinschaftliches Handeln zum Vorteil aller ist.

Gemeinschaftliches Handeln und Gestalten ist es auch, was die Bedeutung und die Ausstrahlung einer Region ausmacht. Die Bündelung des vorhandenen Potentials trägt zudem nachhaltig zur Förderung der regionalen Identität bei.

Der Klosterführer richtet sich in gleichem Maße an Einheimische und Auswärtige und lädt dazu ein, die Kreise Höxter und Paderborn kennenzulernen und die aktiven und ehemaligen Klöster in ihrer schönen landschaftlichen Umgebung zu besuchen.

Hubertus Backhaus
Landrat
Kreis Höxter

Dr. Rudolf Wansleben
Landrat
Kreis Paderborn

Wolfgang Schäfer
Landesdirektor
Landschaftsverband
Westfalen-Lippe

Karolingisches Westwerk, Corvey

KREIS HÖXTER

Fassade der ehem. Jesuitenkirche Maria Immaculata, Büren

Hl. Nepomuk, ehem. Benediktinerabtei, Marienmünster

15

Eingang zur Klauskapelle, ehem. Zisterzienserabtei, Hardehausen

Einleitung

Kloster, das ist heute für Außenstehende oftmals nur noch eine besondere Architektur, bestehend aus der Kirche, aus Wohngebäuden, die
häufig um den Kreuzgang gruppiert sind, und aus Wirtschaftsgebäuden. Kloster ist aber zuerst und vor allem eine Gemeinschaft von Frauen
oder Männern, die aus ihrem Glauben heraus, "um Christi willen", sich
ganz oder teilweise aus der Welt zurückziehen, um nach festen Regeln
in der Gemeinschaft in besonderer Weise beten, geistlich leben und
wirken zu können. Immer wieder hat es in der Geschichte der Kirche
Menschen gegeben, die solche Gemeinschaften gründeten, ihnen eine
Regel gaben und zumeist auch eine besondere spirituelle oder karitative Aufgabe stellten: Augustinus, der Kirchenlehrer und Bischof von
Hippo Regius in Nordafrika († 430), Benedikt aus Nursia in Italien, der
"Vater des abendländischen Mönchtums" († 560), Dominikus († 1221),
Franz von Assisi († 1226) oder Ignatius von Loyola († 1556), um nur diese
hier zu nennen.

Wichtige Bestandteile der Regeln waren das Beten und Arbeiten,
Keuschheit, Armut - d. h. der Verzicht des Einzelnen auf Privateigentum - und Gehorsam gegenüber dem Klostervorsteher. Immer wieder
kam es allerdings in der Geschichte dieser Gemeinschaften vor, dass der
Gründungseifer oder die Regelstrenge nachließen, dass weltliche Ziele
in den Vordergrund traten, wie z. B. die Vermehrung und Verwaltung
des Gemeinschaftsbesitzes, die Übernahme von kirchlichen Ämtern
oder gar politischen Aufgaben durch die Vorsteher oder einzelne
Mitglieder der Gemeinschaften. Die Antwort darauf waren Reformen
bestehender Einrichtungen, die von besonderen Zentren ausgingen:
z.B. von Cluny (Burgund), Hirsau (bei Calw im Schwarzwald) oder
Bursfelde (bei Göttingen) für die Benediktiner; und auch die
Zisterzienser, um nur diese noch zu nennen, sind Mönche, die die
Benediktsregel am Anfang des 12. Jhs. in neuer, strengerer Weise für
sich auslegten und einen eigenen Orden durch den Zusammenschluss
ihrer Klöster gründeten.
Das Paderborner und Corveyer Land, historisch gesprochen: der größte
Teil des alten Bistums und späteren Fürstbistums Paderborn, hat seit
der Eroberung und Missionierung Sachsens durch Karl den Großen
(† 814) an diesen allgemeinen Entwicklungen des Klosterwesens teilge-
nommen. Am Anfang stehen das Domkloster in Paderborn, d.h. das
gemeinsame Leben der Paderborner Bischöfe mit ihren Klerikern, das
Nonnenkloster und spätere Damenstift Herford (um 789/823) und das
Benediktinerkloster Corvey (822). Letzteres hatte Hethis (815) als
Vorgänger und gründete nach 826 als cella, als Nebenkloster, die
Propstei in Obermarsberg.
Charakteristisch für das sächsische Stammes- und Missionsgebiet ist im
9. und 10. Jh. die Gründung von Frauenstiften. Sie waren zunächst

Bildungsanstalten für die Töchter des Adels und entwickelten freiere monastische Formen (privaten Besitz; Möglichkeit des Wiederaustritts). In der Nachfolge Herfords sind das in unserer Region Böddeken (836) und Neuenheerse (868). Im ersten Drittel des 11. Jhs. sehen wir, wie der aktive Paderborner Bischof Meinwerk (1009 - 1036) das von einem Adligen um 1000 gegründete Benediktinerkloster Helmarshausen an der Diemel (heute zu Hessen gehörend) seinem Bistum inkorporieren konnte und selber an seinem Bischofssitz zwei geistliche Gemeinschaften neu gründete: das Benediktinerkloster Abdinghof und ein Klerikerstift, Busdorf genannt. Noch erfolgreicher ist einer seiner Nachfolger im 12. Jh., Bischof Bernhard I. (1127 - 1160). Er wird beteiligt oder gründet selbst das Benediktinerkloster Marienmünster (1128), die Benediktinerinnenklöster Gehrden (1138/1142) und Willebadessen (1149) sowie Hardehausen (1140). Letzteres ist ein Zisterzienserkloster, das erste überhaupt östlich des Rheins. Es ist sicher kein Zufall, dass Bischof Bernhard gerade Hardehausen, das er zu seiner Grablege bestimmte, dem damals modernsten Orden, eben den Zisterziensern, anvertraute. Vielleicht gehört in seine Zeit auch schon die Errichtung des Augustinerinnenklosters in Dalheim.

Im 13. Jh., als alte Zentren wie Paderborn, Höxter und Warburg schon länger als Städte im vollen mittelalterlichen Sinne ausgereift waren und weitere Städte privilegiert und gegründet wurden, wurden wie schon zuvor Klöster "auf dem Lande" gegründet, z. B. von den Zisterzienserinnen in Brenkhausen (um 1240) oder Wormeln (1247). Neu aber ist die bewusste Ansiedlung von Klöstern in der Stadt. Das gilt für das Zisterzienserinnenkloster bei der Gaukirche in Paderborn (1229), das gilt aber vor allem für die damals neuen Orden der Franziskaner-Minderbrüder (Minoriten) und die Dominikaner. Sie wollten vom Betteln leben und engagierten sich bewusst in der städtischen Seelsorge, in der sie den ansässigen Pfarrern in Spiritualität und Ausbildung häufig überlegen waren. Dem Vordringen dieser neuen Orden verdanken wir das Minoritenkloster auf dem Kamp in Paderborn (um 1232), die Minoriten in Höxter (1248) und die (älteren) Dominikaner in Warburg (1281).

Die Entwicklung des Klosterwesens kann und soll hier einleitend nicht in allen Verästelungen nachgezeichnet werden. Festzuhalten bleibt, dass die älteren Einrichtungen neben den neuen in aller Regel bestehen blieben. Das aber bedeutet, dass im Laufe des Mittelalters in Stadt und Land ein immer dichteres Netz von Klöstern geknüpft wurde, die geistliche, soziale, kulturelle und auch wirtschaftliche Zentren darstellten. Selbst als in der Krise des 14. Jhs. Dalheim und Böddeken aufgegeben wurden bzw. vor dem Ende standen, fanden sich neue Kräfte, die sie zu erneuter Blüte brachten. Es waren Priestermönche, Augustiner-Chorherren, mit ihren Laienbrüdern (sog. Konversen) aus den Niederlanden, nämlich aus dem Kloster Bethlehem in Zwolle. Sie waren geprägt von einer neuen Frömmigkeit, die damals Laien und Klerus

erfasste, der "devotio moderna". Ihr Ziel war die Vertiefung der indivi-
duellen Frömmigkeit durch Gebet, Betrachtung und gute Werke. Ihre
"Arbeit" bestand auch im Abschreiben und Verfassen von Büchern.

Die Reformation wirkte unterschiedlich intensiv auf das Leben der
Klöster. Einige, wie das Minoritenkloster in Paderborn, wurden aufge-
geben; in Böddeken verließen Mönche in größerer Zahl den Konvent.
Andererseits wurde der neu gegründete Jesuitenorden, für den in
Paderborn und Büren Kollegien gebaut wurden, zum Träger der katho-
lischen Reform. Neue Klöster gründete man für Kapuziner,
Kapuzinessen, Augustiner-Chorfrauen und Franziskaner-Observanten,
also für die Bettelorden und ihren Einsatz in der Seelsorge und den
Schulen in den Städten, und zwar vor und auch noch nach dem
Dreißigjährigen Krieg (1618 - 1648).

Einen tiefen Einbruch in das im Kern immer noch mittelalterliche
Klosterwesen unserer Region brachte die Säkularisation der Klöster,
nachdem die geistlichen Fürstentümer in Westfalen durch den
Reichsdeputationshauptschluss vom 25. Februar 1803 aufgehoben und
zu Preußen geschlagen worden waren. Gegen Abfindung bzw.
Rentenzahlung an die berechtigten Patres und Nonnen übernahm der
preußische Staat die Klöster mit ihrem gesamten Besitz in sein
Eigentum. Kirchlichen Zwecken waren sie künftig weitestgehend ent-
zogen. Sie wurden vor allem in Gutsbetriebe, Staatsdomänen oder
Kasernen umgewandelt, die der Staat selber nutzte, verpachtete oder
verkaufte.

Die "Idee" Kloster aber blieb lebendig. Auch im 19. Jh. entstanden neue
Ordensgemeinschaften, wurden alte wieder belebt. Von den zahlrei-
chen neuen weiblichen Orden, die ihren Schwerpunkt häufig in der
Pflege Kranker oder Behinderter haben, seien hier nur etwa die
Paderborner Vincentinerinnen (1841) und die "Schwestern der
Christlichen Liebe" (1849) genannt. Der Ausbildung bedürftiger
Mädchen widmete sich die Ordensgemeinschaft der Armen
Schulschwestern von Unserer Lieben Frau (1833) auf der Brede in
Brakel.

Aus der alten und vielgestaltigen Tradition der kirchlichen Orden
erwuchsen auch im 20. Jh. auf der ganzen Welt wiederum neue Zweige.
Es sind vornehmlich kleinere Gemeinschaften, die im Blick auf bestimmte soziale und pastorale Aufgaben eine eigene Ausprägung alter
Ordensspiritualität und neue Formen des gemeinschaftlichen Lebens
gefunden haben, wie z.B. das Christliche Bildungswerk "Die Hegge", die
Diakonissen-Kommunität "Zionsberg" oder die Schwesterngemeinschaft "Serviam".

Wer heute die alten Klöster bereist, findet Anlagen mit Bauten unter-
schiedlichsten Alters:
Kirchen aus der Gründungszeit, aus späteren Jahrhunderten,
Kunstwerke aller Epochen und Stile. Ihm fällt auf, dass viele der Klöster
im späten 17. und 18. Jh., also nicht lange vor ihrer Aufhebung, noch

eine Blütezeit erlebt haben, die sich uns in barocken Anlagen oder Bauteilen sowie in zahlreichen barocken Ausstattungsstücken zeigt. Das alte geistliche Leben findet er seltener. Wiederbesiedlungen wie in Warburg oder Brenkhausen sind eher die Ausnahme. Bewährt ist die Nutzung als Tagungsstätte oder für museale Zwecke. Andere Anlagen sind seit der Säkularisation landwirtschaftlicher Betrieb geblieben oder warten auf eine neue Nutzung, die es auch möglich machen würde, die klösterlichen Zeugen unserer Vergangenheit für die nachfolgenden Generationen zu bewahren und als einstige geistig-geistliche Zentren im Bewusstsein zu behalten.

Manfred Balzer

Bad Driburg

Dreifaltigkeitskloster der Steyler Anbetungsschwestern

Dreifaltigkeitskloster in der Nordostansicht

1924 entstand in Bad Driburg die erste Niederlassung der "Genossenschaft der Dienerinnen des Hl. Geistes von der Ewigen Anbetung" auf deutschem Boden. Die Kongregation wurde 1896 von dem Ordensgründer Arnold Janssen (1837 - 1909) als dritter Zweig des Steyler Missionswerkes gegründet. Die Gemeinschaft versteht ihren Dienst als kontemplativ-missionarische Berufung mit der besonderen Aufgabe der ständigen Anbetung und des feierlichen Chorgebetes. Außer den Zeiten des gemeinsamen Stundengebetes halten die Schwestern in den übrigen Stunden des Tages und der Nacht im Wechsel stille Anbetung in der Kirche. Wegen der Farbe des Ordenskleides heißen die Schwestern im Volksmund "Rosa-Schwestern".

Auf die oben angegebene zweifache Aufgabe wurden der Bau und die Innenausstattung der Anbetungskirche nach Plänen des Paderborner Architekten Alois Dietrich ausgerichtet. Das Kirchenportal führt direkt in den Kirchenraum. Ein kunstvoll geschmiedetes Gitter trennt den für Besucher bestimmten Teil vom Raum der Schwestern. Ein großes, in Natursteinen gearbeitetes Mosaik mit der symbolhaften Darstellung der Dreifaltigkeit - Schöpferhand, Kreuz und sieben Flammen - füllt die Rückwand des Altarraumes. In das Mosaik ist der Tabernakel eingelassen und darüber der Aussetzungsthron für die Monstranz. Die gesamte Innenausstattung wurde nach Entwürfen von Bernhard Lippsmeier aus

Chorgebet der "Rosa Schwestern"

Lippstadt gearbeitet. Die Metallarbeiten führte der Goldschmied Josef Fuchs aus Paderborn aus.

Peter Möhring

 Informationen und Auskünfte:

Dreifaltigkeitskloster
Helmtrudisstr. 23
33014 Bad Driburg
Tel.: 0 52 53 / 33 20
Fax: 0 52 53 / 93 04 65

 Öffnungszeiten:

Zugänglich sind die Kirche (täglich 5.15 - 20.00 Uhr) und der Eingangsbereich des Klosters.

Gottesdienste:

Eucharistiefeiern:	Mo - Sa	6.30 Uhr
	So	9.00 Uhr
Chorgebet:	Laudes	5.25 Uhr
	Terz	7.45 Uhr
	Sext	11.45 Uhr
	Non	12.45 Uhr
	Vesper	16.30 Uhr
	Lesehore	18.00 Uhr
	Komplet	19.50 Uhr

Immerwährende Anbetung und Chorgebet.

Bad Driburg

Missionshaus St. Xaver
der Steyler Missionare

Schauseite des Missionshauses

Im Jahre 1915 errichtete die Ordens-Gesellschaft vom Göttlichen Wort in Bad Driburg das Missionshaus St. Xaver. Die Steyler Missionare, wie sie nach dem Gründungsort in den Niederlanden im Volksmund heißen, wurden 1875 von Arnold Janssen (1837 - 1909) ins Leben gerufen. Als Hauptaufgaben bestimmte er die Glaubensverkündigung in nichtchristlichen und die Seelsorge in priesterarmen Ländern. Die aus Priestern und Brüdern bestehende Gesellschaft erfuhr innerhalb weniger Jahrzehnte eine weltweite Verbreitung. Ihre Wirkungsgebiete liegen heute in 67 Ländern aller Erdteile. Zur Unterstützung der Missionare gliederte Janssen 1889 einen weiblichen Zweig an. Obwohl es eine von Europa ausgegangene Initiative war, wurde schon sehr früh die Notwendigkeit der Förderung eines einheimischen Ordensnachwuchses in den Missionsländern erkannt. Inzwischen hat sich das Zahlenverhältnis längst umgekehrt; heute bilden Nichteuropäer die Mehrzahl der Mitglieder. Trotz ihres missionarischen und humanitären Dienstes war die Gesellschaft in den politischen Krisen des 20. Jhs. häufig Verfolgungen ausgesetzt.

Das Haus in Bad Driburg wurde als Ordensschule gegründet. Aus dieser Intention heraus erhielt es den Namen des hl. Franz Xaver, eines Jesuiten, den im 16. Jh. seine Missionsreisen bis nach Indien und Japan geführt haben. Im Jahre 1940 mußte die Schule in Bad Driburg unter dem Druck des NS-Regimes geschlossen werden. Vor einer Zwangsenteignung durch den Staat blieb das Haus nur dadurch verschont, dass man in den Gebäuden ein Militärlazarett unterbrachte. Bestrebungen der NSDAP, in St. Xaver eine Nationalpolitische Erziehungsanstalt ("Napola") einzurichten, konnte so mit Erfolg entgegengewirkt werden. Sehr kritisch wurde die Lage, als das Ordensmitglied Pater Franz Riepe 1941 wegen der Verlesung eines Hirtenbriefes der niederländischen Bischöfe verhaftet und in das Konzentrationslager Dachau deportiert wurde, in dem er am 13. August 1942 gestorben ist. Nach dem Zweiten Weltkrieg erfolgte die Umwandlung der Missionsschule in ein Gymnasium für Jungen und Mädchen.

Ansicht des Kirchengebäudes

Der aus drei Flügeln bestehende stattliche Gebäudekomplex liegt mit der Schauseite an einem Hang zur Stadt hin. Der Bau von 1915 wurde in den Jahren 1924/25 erweitert und in den 60er Jahren durch Anbauten nochmals ergänzt. Im Obergeschoss des Ostflügels befindet sich die Kirche. Sie zeigt im Innern neoromanische Stilelemente. Die Apsis wurde 1929/30 von dem Kirchenmaler Philipp Schumacher aus München, einem späten Vertreter der

Chorapsis

Kunstrichtung der Nazarener, ausgestaltet. Noch vollständig in der ursprünglichen Farb- und Formgebung erhalten, ist es ein seltenes Beispiel dieser Gattung in Westfalen. Im Kirchenschiff stellen 14 Seitenkapellen die einzelnen Stationen des Kreuzwegs dar. Die Altarbilder schnitzte der Ordensbruder Gentianus van Meegen in den Jahren 1930 bis 1937.

Einen Hauch des Exotischen bietet das Missionsmuseum. Es enthält eine ethnologische, geologische und zoologische Sammlung interessanter Objekte vornehmlich aus dem asiatischen und pazifischen Raum. In den ausgedehnten Garten- und Parkanlagen erinnert eine Lourdesgrotte an die Marienerscheinungen in dem südfranzösischen Wallfahrtsort.

Peter Möhring

Informationen und Auskünfte:

Missionshaus St. Xaver
Dringenberger Straße 32
33014 Bad Driburg
Tel.: 0 52 53 / 40 2 - 1
Fax: 0 52 53 / 40 2 - 2 19

Öffnungszeiten:

Kirche:	täglich	8.00 - 18.00 Uhr
Museum:	Mo - Sa	8.00 - 18.00 Uhr
		So u. Feiertage 11.00 - 13.00 Uhr und 15.00 - 18.00 Uhr
		Führungen nach Vereinbarung

Gottesdienste: So   10.00 Uhr

Ehem. Benediktinerinnenkloster auf der Iburg

Fundamente der Peterskirche

Wer den steilen Fußweg auf den dem Eggegebirge nach Osten hin vorgelagerten Berg nicht scheut, erreicht die Anlage auf der Iburg bei Bad Driburg an der Ostseite, wo eine Gaststätte zur Rast einlädt. Von dem 1904 erbauten Kaiser-Karls-Turm wird der Besucher mit einem einzigartigen Rundblick weit über das Land und die in der Senke liegende Stadt Bad Driburg belohnt. Mit dem Auto gelangt man über eine schmale, aber gut ausgebaute Straße ebenfalls zum Ziel.

Lange Zeit unterschied man zwischen dem Bergkegel, Haushahn genannt, und der auf dem Berg gelegenen Iburg. Heute sind Berg und Burg allgemein unter dem Namen Iburg bekannt.
Der runde, mit regelmäßigen Quaderblöcken ausgemauerte Wehrturm an der Westseite dominiert das Ruinengelände auf der Iburg. Er gehörte zusammen mit den Baulichkeiten am Nordtor und zahlreichen anderen Mauer- und Gebäuderesten zu einer Burganlage, die Ende des 12. Jhs. durch Fürstbischof Bernhard II. von Paderborn (1188 - 1204) errichtet und 1444 durch Herzog Otto von Braunschweig (vor 1394 - 1463) wieder zerstört wurde. Ein Graben mit einem mächtigen Wall umgibt die Burg. Die hochmittelalterliche Burganlage liegt inmitten einer ausgedehnten frühgeschichtlichen Umwallung, bestehend aus einem Graben, einem Wall und einer Mauer, die die Nutzung der Iburg als Schutzanlage bereits in sächsischer Zeit belegt. Daher auch die Bezeichnungen als Sachsenwall, -graben, -mauer oder -tor.
Im Südosten, wo die Gräben wegen des fast senkrecht in die Tiefe fallenden Geländes fehlen, sind die Fundamente der Peterskirche, angeblich eine Gründung Karls des Großen, zu sehen. Die rechteckige Saalkirche mit halbkreisförmigem Abschluß gilt nach dem Dom in Paderborn und der Kirche auf der Eresburg bei Marsberg als älteste Kirchengründung des Bistums Paderborn sowie als Urpfarrei und Missionskirche für den Nethegau.
Der Mönch Gobelin Person (1358 - 1421) aus dem Kloster Böddeken (s. dort) berichtet in seiner Weltgeschichte, dass Karl der Große auf ausdrückliche Bitte von Papst Leo III. im Jahre 799 die Iburg und das umliegende Land dem neugegründeten Bistum Paderborn geschenkt habe. Gesichert ist diese Angabe letztendlich jedoch nicht. Spätestens im

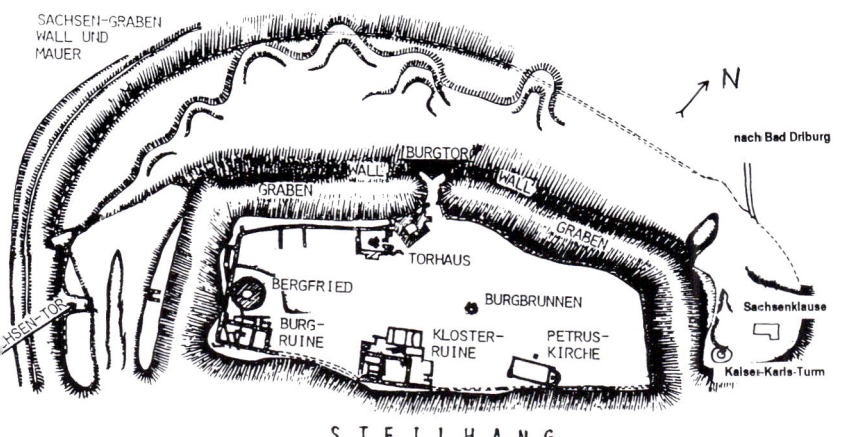

Lageplan der Iburg

10. Jh. gelangte die Iburg in den Besitz des Stiftes Heerse (s. Neuenheerse). Zu dieser Zeit lebten auf der Iburg bereits Einsiedlerinnen in strenger Abgeschiedenheit.

Vielen ist die Burgruine auf der Iburg bekannt, weniger bekannt ist aber, dass auf der Iburg für kurze Zeit auch ein Benediktinerinnenkloster bestanden hat. Als Gründer des Klosters im Jahre 1138 gilt der Paderborner Bischof Bernhard I. von Oesede (1127 - 1160), unterstützt von der Äbtissin Beatrix von Assel (1123 - 1161) aus dem Damenstift Heerse. Da offenbar die wirtschaftliche Ausstattung des Klosters zu gering war und die örtlichen Gegebenheiten auf der Iburg für e ne solche Niederlassung sehr ungeeignet waren, siedelten die Nonnen bereits 1138/1142 nach Gehrden (s. dort) über, wo sie bessere Bedingungen vorfanden. Sicherlich haben auch militärpolitische Gründe bei der Umsiedlung des Benediktinerinnenkonvents eine Rolle gespielt. So war nun der Weg frei, dort eine Festung zu errichten. Bei Ausgrabungen stieß man vor allem im Westen und Südwesten der Iburg auf Mauerreste aus der Klosterzeit. Unter dem Hauptgebäude, das dem Eingang gegenüber liegt, fand man in vier Metern Tiefe ältere Mauerreste, von denen man annimmt, dass sie zum alten Klostergebäude gehört haben. Als Bischof Bernhard II. von Widukind, dem Grafen von Schwalenberg und Waldeck, bedrängt wurde, begann er 1189 die Iburg zu befestigen. Die älteren Gebäudeteile, darunter auch der größte Teil der Klosteranlage, die dem Vorhaben im Wege standen, wurden danach abgerissen bzw. überbaut.

Neben historisch gesicherten Daten ranken sich bis heute eine Reihe von Mythen um die Iburg. Hier lag das Stammesgebiet der germanischen Cherusker und somit das Zentrum des germanischen Widerstands gegen die Römer. Es ist durchaus denkbar, dass bereits zu jener Zeit der Bergkegel eine wichtige strategische Rolle besaß. Vielleicht war die Iburg, deren Name als "Eibenburg" gedeutet wird, damals ein germanisches Stammesheiligtum, da die Eibe kultisch verehrt wurde; man glaubte, sie banne die Seelen der Verstorbenen. Immer wieder wird die Iburg als Ort des großen sächsischen Heiligtums der Irminsul genannt, das Karl der Große im Zuge der Sachsenkriege im Jahre 772 zerstört hat. Ob auf der Iburg tatsächlich das zentrale sächsische Heiligtum mit der Weltsäule (Irminsul), die symbolisch den Götterhimmel trug, gelegen hat, bleibt wohl ungeklärt. Auch heute noch übt die Iburg mit ihren Ruinen eine geheimnisvolle Anziehungskraft auf die Besucher aus.

Der aus Alhausen bei Bad Driburg stammende Arzt und Dichter Friedrich Wilhelm Weber (1813 - 1894) hat die Geschichte der Iburg und die Auseinandersetzungen des Frankenherrschers Karls des Großen (768 - 814) mit den Sachsen in seinem Epos "Dreizehnlinden" behandelt.

Oliver Brehm

Informationen und Auskünfte:

Bad Driburger Touristik GmbH
Lange Straße 140
33014 Bad Driburg
Tel.: 0 52 53 / 98 94 - 0
Fax: 0 52 53 / 98 94 - 24
E-mail: infoservice@bad-driburg.de
Internet: http://www.bad-driburg.de

Öffnungszeiten:

Das Ruinengelände auf der Iburg ist ganzjährig zugänglich.

Bad Driburg-Neuenheerse

St. Kaspar - Gymnasium und Jugendhaus der Missionare vom Kostbaren Blut

Die Deutsche Provinz der Missionare vom Kostbaren Blut ist Träger des Gymnasiums und Jugendhauses St. Kaspar in Bad Driburg-Neuenheerse. Die Missionare vom Kostbaren Blut sind eine Gemeinschaft des apostolischen Lebens. Diese Ordensgemeinschaft ist 1815 in Italien vom hl. Kaspar del Bufalo gegründet worden mit dem Ziel, das Wort Gottes zu verkünden und die Menschen nach den napoleonischen Wirren zur Erneuerung im Glauben hinzuführen. Erziehung und Bildung im Sinne des christlichen Menschenbildes ist eine konkrete Ausformung dieses Apostolates. Die internationale Gemeinschaft umfasst gut 500 Mitglieder und ist im In- und Ausland missionarisch tätig.

Internationaler Kongress im Gymnasium St. Kaspar

Im Jahre 1957 haben die Missionare vom Kostbaren Blut das ehemalige Äbtissinnenhaus in Neuenheerse erworben und darin ein Gymnasium und Internat für Jungen eingerichtet. Ende der 60er Jahre entstand der Neubau des Internats und bald darauf ein Erweiterungsbau für das Gymnasium. 1972 wurde St. Kaspar ein neusprachliches Gymnasium, das seither auch Mädchen aufnimmt. Derzeit besuchen rund 500 Schülerinnen und Schüler, überwiegend aus den umliegenden Orten, die angesehene Schule. Besondere Merkmale dieser Privatschule sind die Pflege von Chorgesang und Blasmusik, von Theaterspiel und Sport, die Internationalität (die Ordensgemeinschaft unterhält u. a. auch in Spanien und Chile Partnerschulen) sowie die Einrichtung einer "Glaubenswerkstatt" und eines "Sozialpraktikums" als konkrete Ausgestaltung des christlichen Bildungsideals.

Über lange Jahre war das Internat das Rückgrat der Schule und hat vielen Jungen die Möglichkeit zu einem qualifizierten Schulabschluss gegeben. Auf Grund abnehmender Belegung wird ein Teil des Internats seit 1994 als Jugendhaus geführt. Dieses steht Klassen für Einkehr- und Schulentlassungstage sowie Firm- und Jugendgruppen aus den Gemeinden für Schulungstage zur Verfügung. Das Jugendhaus hat sich in den wenigen Jahren seines Bestehens einen hervorragenden Ruf im

Hochstift Paderborn erworben. Ein kurzer Spaziergang durch den Park von St. Kaspar läßt sich gut mit einem Besuch der ehem. Stifts- und heutigen Pfarrkirche St. Saturnina verbinden.

Nähere Informationen zu St. Kaspar finden sich in der "Gräfte", den Jahresberichten des Gymnasiums St. Kaspar.

Oliver Brehm

 Informationen und Auskünfte:

Gymnasium und Jugendhaus St. Kaspar
Johannwarthstr. 7
33014 Bad Driburg-Neuenheerse

Gymnasium:
Tel.: 0 52 59 / 98 66 40
Internet: http://www.gstkn.bad-driburg.de

Jugendhaus:
Tel.: 0 52 59 / 98 66 20
Internet: http://www.jugendhaus.de/st.kaspar

 Gottesdienste:

Internatskapelle: So   8.30 Uhr

Brakel

Ehem. Augustinerinnenkloster
Kloster auf der Brede
der Armen Schulschwestern von Unserer Lieben Frau

Blick in den Klosterhof

Seit über 500 Jahren haben Ordensschwestern die Geschichte der Brede geprägt und mit Leben erfüllt. Waren es anfangs die Augustinerinnen, so leisten seit rund 150 Jahren die Armen Schulschwestern von Unserer Lieben Frau auf der Brede wertvolle Arbeit für die Stadt und Region Brakel.

Das Bredenkloster wurde im Mai 1483 von den Brüdern Bernd und Dietrich von der Asseburg gestiftet und den Augus-
tinerinnen in Herford "Up dem Hollande" übergeben. Die Herforder Augustinerinnen lebten streng nach den Ordensregeln des hl. Augustinus und den Statuten der Windesheimer Kongregation, von der eine geistliche Erneuerung und die Besinnung auf ein Leben in Einfachheit, Gebet und Arbeit ausgingen. Der Paderborner Bischof Simon III. (1463 - 1498) bestätigte 1490 die Stiftung und gab dem Kloster den Namen "vallis presentationis mariae", Mariä Opferungsthal. Die geistliche Leitung des Konvents übergab er den Augustiner-Chorherren des Klosters Böddeken (s. dort).

Von der Not und den Glaubenskämpfen im 16. Jh. blieb auch das Kloster nicht verschont. Eine pestartige Seuche in den Jahren 1540/1541, die auch auf das Kloster übergriff, verschlechterte die Situation zusätzlich.

Trotz der Wirren der Reformationszeit blieben die Schwestern ihrem alten Klosterideal treu. Im Dreißigjährigen Krieg (1618 - 1648) wurde das Kloster 1634 auf Befehl der hessischen Landgräfin Amalie niedergebrannt. Bald nach Beendigung des Krieges führten die Schwestern den Wiederaufbau durch. Im Siebenjährigen Krieg (1756 - 1763) erlitt es abermals große Schäden. Fürstbischof Wilhelm Anton von der Asseburg (1763 - 1782) ließ eine neue Kirche bauen, die 1772 die Weihe erhielt. Im Jahre 1774 wurden die Klostergebäude mit finanzieller Hilfe des Hermann Werner Freiherr von der Asseburg neu errichtet.

Die Säkularisation bedeutete für das Kloster auf der Brede das Ende.

Bereits 1807 zog der König von Westphalen, Jérôme Bonaparte, den Klosterbesitz ein, wobei er sich vorerst mit einer Bestandsaufnahme begnügte. Durch die Säkularisation wurde den Schwestern im Jahre 1810 zunächst die selbständige Verwaltung genommen und einem Administrator übergeben. 1812 entging es der Versteigerung, da der damalige Besitzer der Hinnenburg, Graf Hermann Werner von Bocholtz-Asseburg, den Klosterbesitz kaufte. Er ließ die Augustinerinnen in ihrem Kloster wohnen und stiftete 1830 eine Armenanstalt in den Klosterräumlichkeiten. Die Stiftsdame Ludowine von Haxthausen, die Schwägerin des Grafen, übernahm 1832 die Leitung der Anstalt und baute sie zu einer angesehenen und anerkannten Waisenanstalt aus. Gleichzeitig richtete sie Exerzitienkurse im alten Kloster ein. So wurde die Brede das erste Exerzitienhaus im norddeutschen Raum und als solches weit über die Grenzen des Paderborner Landes hinaus bekannt.

Im Jahre 1850 übernahm der Orden der Armen Schulschwestern von Unserer Lieben Frau die Einrichtung und eröffnete ein Jahr später eine Höhere Töchterschule, die den staatlichen Bildungsgesetzen entsprechend im Laufe der Jahre in ein Lyzeum, dann in ein Oberlyzeum und später in ein Gymnasium umgewandelt wurde. 1927 eröffneten die Schulschwestern dazu eine Handelsschule, an deren Stelle ein Berufskolleg mit den Bildungsgängen 2-jährige Höhere Berufsfachschule für Wirtschaft und Verwaltung mit gymnasialer Oberstufe trat. Alle Schulen der Brede befinden sich seit 1994 als Stiftung "Gymnasium und Berufskolleg für Wirtschaft und Verwaltung Brede in Brakel e.V." in der Trägerschaft des Erzbischöflichen Generalvikariats in Paderborn.
Die u-förmige Anlage beherbergt im Osten die Kirche, die ungewöhnlicherweise in Nordsüd-Ausrichtung errichtet wurde. Dieser Flügel erfuhr 1854 einen Anbau, so dass die Kirche um eine Sakristei und einen Chorraum erweitert und zudem noch ein Exerzitienhaus eingerichtet werden konnte. Im Westflügel, der zur selben Zeit verlängert wurde, befand

sich die Propstei, später das Waisenhaus, und die ehem. Töchterschule. Das zentrale Hauptgebäude ist das Schwesternhaus. Im 19. und 20. Jh. folgten zahlreiche Um- und Erweiterungsbauten.

Oliver Brehm

Hauptportal des Schulgebäudes

Informationen und Auskünfte:

Kloster Brede
Im Winkel 24
33034 Brakel
Tel.: 0 52 72 / 60 3 - 0 oder - 2 53

 Öffnungszeiten:

Die Kirche ist tagsüber geöffnet und frei zugänglich. Eine
Dauerausstellung im "Erbezimmer" informiert über die
Geschichte des Klosters und des Ordens. Führungen nach
vorheriger Absprache.

Gottesdienste:

Mo u. Do (mit eucharistischer Anbetung) 17.15 Uhr
So   8.00 Uhr

Ehem. Kapuzinerkloster
heute: kath. Pfarrkirche, Pfarr- und Caritaszentrum

Besonderer Anziehungspunkt der Stadt Brakel ist die ehem. Kapuzinerkirche St. Franziskus. Sie gilt als Erstlingswerk des berühmten Barockarchitekten Johann Conrad Schlaun (1695 - 1773), der sie zwischen 1715 und 1718 für das Kapuzinerkloster erbaute. Dieser Bau wurde nicht zuletzt durch den immensen Arbeitsaufwand der Kapuzinerbrüder möglich. Ein erster Entwurf des in Nörde, Kreis Höxter, geborenen Baumeisters entsprach zwar den Vorstellungen des Paderborner Fürstbischofs Franz Arnold von

Barockfassade der Kirche

Metternich (1704 - 1718), nicht aber denen der Kapuzinerbrüder, die sich entsprechend ihres Armutsideals eine schlichtere Kirche wünschten. Einen zweiten Entwurf legte Schlaun mit der Bemerkung vor, er "habe in der Frömde gesehen Capuzinerkirchen, die noch besser herauskommen als hier."

Die Kirche ist ein einfacher, vierjochiger Saalbau mit eingezogenem, gerade geschlossenen Chor und einem nach Osten anschließenden Brüderchor und entspricht der hergebrachten westfälischen Bauweise. Die Kirchenfassade ist innerhalb der Kapuzinerarchitektur in Westfalen ein Novum. Aber auch hier kommen die Anregungen aus Westfalen. Der dreiteilig-zweigeschossige Aufbau findet sich bei der Franziskanerkirche in Paderborn (s. dort), wohingegen der Dreiecksgiebel bei der Jesuitenkirche, ebenfalls in Paderborn (s. dort), zu beobachten ist. Im Gegensatz zur schlichten Flächenordnung steht das Portal. Die Schlaunkirche ersetzte die baufällige Kapelle des ehemaligen Hospitals zum Hl. Geist, die die Kapuziner übernommen hatten. Mit der Kapelle übernahmen die Kapuziner auch die übrigen Gebäude des Hl. Geist-Hospitals.

Blick in die ehem. Kapuzinerkirche St. Franziskus

Obwohl den Kapuzinern 1644 gestattet wurde, sich in Brakel niederzulassen, gestaltete sich die Frühzeit ihres dortigen Wirkens sehr schwierig, da man ihnen den reichen Besitz in der Stadt neidete. Die Verstrickung in das Hexen- und Besessenenunwesen der Zeit tat ihr Übriges. Trotz dieser Schwierigkeiten wurde mit dem neuen Klosterbau 1654 begonnen. Es sollten jedoch Jahre vergehen, bis dieses Vorhaben letztendlich realisiert werden konnte.

Neben der Predigertätigkeit und der religiösen Unterweisung der Jugend waren die Kapuziner vor allem auch im sozialen Bereich engagiert.

Der Säkularisationsprozess vollzog sich in Brakel in mehreren Etappen. Schon 1809 wurde über die Verlegung der Brüder in das Kloster in Wiedenbrück nachgedacht. Die endgültige Aufhebung erfolgte 1833. Die Kirche wurde in der Folgezeit von beiden Konfessionen genutzt, bis sie 1912 wieder alleinige katholische Pfarrkirche wurde. Sie dient unter anderem für Gottesdienste der katholischen Schüler des Gymnasiums und der Bewohner des angrenzenden Altenheimes. Im Erdgeschoss der ehem. Klostergebäude befindet sich heute das Pfarrzentrum, im Obergeschoss fand das Caritaszentrum des Kreises Höxter eine neue Unterkunft.

Oliver Brehm

Informationen und Auskünfte:

Tourist Information
Haus des Gastes
Am Markt 5
33034 Brakel
Tel.: 0 52 72 / 36 02 69
Fax: 0 52 72 / 35 53 56

Katholisches Pfarramt St. Michael
Kirchplatz 8
33034 Brakel
Tel.: 0 52 57 / 54 83 • Fax: 0 52 72 / 35 56 09   ➢➢

Öffnungszeiten:

Der Innenraum der Kirche ist täglich durch den gläsernen Windfang einzusehen. Ist eine Besichtigung erwünscht, kann der Schlüssel an der Pforte des angrenzenden Altenheimes entliehen werden. Die Besichtigung der Kirche und der ehem. Klostergebäude ist auch in die regulären Stadtführungen eingebunden.

Gottesdienste:

Werktags	7.00 Uhr
So	7.30 Uhr

Brenkhausen, Stadt Höxter

Ehem. Zisterzienserinnen-, ab 1601 Benediktinerinnenkloster
Koptisch-orthodoxes Kloster der Hl. Jungfrau Maria und des Hl. Mauritius, kath. Pfarrkirche

Gesamtkomplex von Nordwesten

Über die Frühzeit des ursprünglich von Zisterzienserinnen gegründeten Klosters ist mangels verlässlicher Quellen nichts Genaues bekannt. Vermutlich aber fällt die Gründung des Klosters in die Jahre um 1240. Eine Urkunde aus dem Jahre 1287 weist Abt Hermann I. von Corvey (1223 - 1255) als den Gründer des Klosters aus. Aus dieser Zeit stammt noch der Ostflügel mit seinen typisch gotischen Stilmerkmalen und die Kirche. Die dreischiffige Basilika weist mit ihrem geraden Chorabschluss und dem Dachreiter anstelle eines Glockenturmes deutliche Einflüsse der Zisterzienserarchitektur auf. Erst Ende des 19. Jhs. wurde der Kirche im Nordwesten ein Turm hinzugefügt.

In der zweiten Hälfte des 16. Jhs. führte eine schwere Krise, die sich unter anderem in einem Nachlassen klösterlicher Disziplin niederschlug, zu einer Umwandlung in ein Benediktinerinnenkloster (1601). Der Abt von Corvey spielte dabei als Schutzherr von Brenkhausen eine gewichtige Rolle. Im Dreißigjährigen Krieg (1618 - 1648) zerstören die Hessen große Teile des Klosters. In der Folgezeit errichtete man die Wirtschaftsgebäude neu und barockisierte die Klosterkirche. Zwischen 1710 und 1746 wurden die drei barocken Flügel erbaut, die die Anlage bis heute prägen. Mit der Säkularisation ging das Kloster 1803 als Domäne in den Besitz des weltlichen Landesherrn Erbprinz Wilhelm-Friedrich von Nassau-Oranien über. Noch mehrmals wechselte der Besitzer und die zwischenzeitlich als Brennerei oder Viehställe genutzten barocken Klostergebäude wurden 1970 vom Land Nordrhein-Westfalen übernommen und 1994 an die koptisch-orthodoxe Kirche verkauft.

Mit dem Erwerb der lange Zeit ungenutzten Klosteranlage in Brenkhausen durch die "Koptische Kirche in Deutschland e. V." wird eine fast 600-jährige, durch die Säkularisation unterbrochene Klostertradition fortgesetzt.

Die koptisch-orthodoxe Kirche ist die ursprüngliche Kirche Ägyptens, die bereits im ersten christlichen Jahrhundert - im Jahre 41 n. Chr. - vom Evangelisten Markus gegründet worden sein soll. Das Wort "Kopt(en)" leitet sich von dem griechischen Wort für Ägypten (ai gypt os) ab. Die Kopten sind Ägypter und stammen von der Urbevölkerung Ägyptens ab. Seit der Eroberung Ägyptens durch die muslimischen Araber im 7. Jh. wird der Begriff einschränkend für die "christlichen" Ägypter gebraucht. Eine Form des mönchischen Lebens, das auf

Bischof Anba Dami

gemeinschaftlichem Zusammenleben beruhende Koinobitentum, nahm hier ihren Anfang. Bereits im 4. Jh. gründete Pachomius (um 292 - 346/347) eine Einsiedelei, die er zu einem Kloster ausbaute. Der Zusammenschluss mehrerer Klöster, in denen dieselbe Regel galt, begründete den ersten Orden. Dabei hat das ägyptische Mönchtum das abendländische Mönchtum stark beeinflusst und übt noch heute eine große Anziehungskraft aus. Im 5. Jh. fand eine Spaltung der orthodoxen Kirchen statt, die dazu führte, dass die koptische Kirche Ägyptens heute zusammen mit den orthodoxen Kirchen von Syrien, Armenien und Äthiopien zu den orientalisch-orthodoxen Kirchen gerechnet wird.
Nach schwierigen Zeiten der Unterdrückung, die viele Kopten ins Ausland emigrieren ließ, erlebt die koptische Kirche seit rund 30 Jahren wieder einen bedeutenden Aufschwung. Im Zuge dieser hoffnungsvollen Entwicklung ist auch die Gründung des Kloster- und Bischofssitzes in Brenkhausen erfolgt. Hier wird nicht nur an einer Klosteranlage gebaut, es entsteht auch die erste Diözese und es werden Kontakte zu allen christlichen Konfessionen hergestellt, da sich das Kloster der

Hl. Jungfrau Maria und des Hl. Mauritius auch als ökumenisches Zentrum versteht. Der koptische Bevölkerungsanteil an der ägyptischen Gesamtbevölkerung liegt zwischen 7 und 12 %. Die koptische Kirche in Deutschland hat ca. 6.000 Mitglieder, die in allen Großstädten betreut werden.

Speisesaal

In mühevoller Arbeit werden die Gebäude in Brenkhausen heute von Mönchen und Aufbauhelfern aus Ägypten saniert und ihrer ursprünglichen Nutzung als Kloster wieder zugeführt. Der Südflügel wurde bereits wieder instandgesetzt und beherbergt nun die Mönchsunterkünfte und die Hauskapelle. Im südlichen Kreuzgangarm wurde ein koptisch-orthodoxer Kirchenraum mit einer Taufkapelle und in einem angrenzenden Raum ein Speisesaal für Besucher eingerichtet. Die Arbeiten im West- und Nordflügel dauern noch an. Die Räumlichkeiten im Westflügel werden bislang dazu genutzt, dem Besucher Wissenswertes zur Geschichte der koptischen Kirche zu vermitteln. Ein liebevoll gestaltetes Museum enthält wertvolle Exponate aus dem pharaonenzeitlichen Ägypten sowie aus späterer Epochen ägyptischer Geschichte.

Das koptische Kloster wird als "offenes Haus" geführt; Besucher sind herzlich willkommen. Den heutigen Besucher fasziniert vor allem die lange Tradition und die tiefe Spiritualität der koptischen Kirche, aber auch die überaus herzliche Gastfreundschaft, die hier gepflegt wird.

Eingangsportal

Besonders eindrucksvoll sind die Gottesdienste im koptisch-orthodoxen Ritus. Die Kopten, die heute mehrheitlich arabisch sprechen, verwenden ihre Sprache, das Koptische, immer noch im Gottesdienst. Die hohen Festtage orientieren sich am orthodoxen Kalender.

Den gotischen Teil der Anlage, die Kirche und den Ostflügel, übernahm die katholische Kirchengemeinde Johannes Baptist und nutzt ihn als Pfarrkirche mit angrenzenden Gemeinderäumen.

Oliver Brehm

Informationen und Auskünfte:

Koptisch-orthodoxes Kloster der Hl. Jungfrau Maria und des Hl. Mauritius
Propsteistr. 1a
37671 Höxter-Brenkhausen
Tel.: 0 52 71 / 1 89 05 oder 3 68 54
Fax: 0 52 71 / 3 67 42

➢➢

Katholische Kirchengemeinde St. Johann Baptist
Propsteistr. 3
37671 Höxter-Brenkhausen
Tel.: 0 52 71 / 24 83

Öffnungszeiten:

Die Außenanlagen sind jederzeit zu besichtigen.
Kloster: täglich 8.00 - 19.00 Uhr
Kirche: täglich 9.00 - 19.30 Uhr
Führungen nach vorheriger Anmeldung

Gottesdienste:

Kloster: werktags in der Regel 7.00 Uhr
           eine vorherige Nachfrage ist notwendig
           So   10.00 Uhr
Kirche: Di, Do, Fr, jeden zweiten Sa 18.00 Uhr
           Mi   8.30 Uhr
           So   10.00 Uhr

Corvey, Stadt Höxter

Ehem. Benediktinerabtei
heute: Schloß Corvey und kath. Pfarrkirche

41

Gesamtansicht mit Blick auf die Weser

815 gründeten Benediktinermönche aus der Abtei Corbie an der Somme (Nordfrankreich) in Hethis im Solling ein neues Kloster. Es war das erste Männerkloster im sächsischen Siedlungsraum. Wegen der ungünstigen Lage wurde es 822 auf das linke Weserufer in die Nähe des fränkischen Königshofes Huxori (Höxter) verlegt. In Anlehnung an das Mutterkloster erhielt es den Namen Nova Corbeia (Neu-Corbie), woraus sich im Laufe der Zeit Corvey bildete. Kaiser Ludwig der Fromme verlieh dem Kloster Immunität und stellte es als Reichsabtei unter seinen Schutz. Ihm verdankt die 848 geweihte Klosterkirche Reliquien des hl. Märtyrers Stephanus aus der Pfalzkapelle in Aachen. Abt Hilduin von St. Denis bei Paris schenkte 836 dem Kloster die Gebeine des hl. Vitus. Von Corvey aus verbreitete sich die Vitusverehrung über Mitteleuropa.

Mit Grundbesitz und Rechtstiteln reich ausgestattet, blühte die Abtei schnell auf. Im 9. und 10. Jh. bildete sie einen wichtigen Stützpunkt der Missionierung. Corveyer Mönche brachten das Christentum bis nach Skandinavien. Mehrere Bischöfe gingen aus Corvey hervor. Der Mönch Ansgar wurde 832 Erzbischof von Hamburg, das 864 mit dem Erzbistum Bremen vereinigt wurde. Als "Apostel des Nordens" ist er, von der Kirche heiliggesprochen, in die Geschichte eingegangen. Von der Pflege der Wissenschaft zeugen in dieser Zeit die Klosterschule und das Skriptorium. Widukind schrieb hier seine Sachsengeschichte. Über zwei Jahrhunderte bildete die Abtei eines der geistigen und kulturellen Zentren im sächsischen Raum. Aus Corvey kamen die Gründungskonvente der Klöster Bursfelde an der Oberweser (1093) und Marienmünster (1128). Seit dem 13. Jh. trugen die Äbte den Fürstentitel.

Auf die Blüte folgte eine lange Zeit des Niedergangs. Erst der Anschluss an die Bursfelder Reformbewegung 1501 brachte wieder eine Erneuerung des monastischen Lebens. Der Dreißigjährige Krieg hinterließ ein ausgeplündertes und zerstörtes Kloster. Erhalten blieb allein das

Westwerk. 1667 begann der Wiederaufbau. Kirche und Klostergebäude erstanden neu in barocken Formen. 1794 zum Fürstbistum erhoben, fiel es 1803 in der Säkularisation als weltliches Fürstentum dem Hause Nassau-Oranien zu. Von 1807-1813 gehörte es unter Jérôme Bonaparte zum Königreich Westphalen. Auf dem Wiener Kongress wurde es 1815 Preußen zugesprochen. Auf dem Wege eines Gebietstausches kam es 1820 an den Landgrafen Viktor Amadeus von Hessen-Rotenburg. Von ihm erbte es 1834 sein Neffe, Prinz Viktor von Hohenlohe-Schillingsfürst-Waldenburg, der 1840 vom preußischen König den erblichen Titel "Herzog von Ratibor und Fürst von Corvey" erhielt. Eigentümer des Schlosses ist seitdem das Fürstliche Haus von Ratibor und Corvey, während die Abteikirche in den Besitz der katholischen Kirchengemeinde übergegangen ist.

Das Bistumsgebiet wurde 1821 von Papst Pius VII. im Zuge einer Neuregelung der Diözesangrenzen in Preußen dem Bistum Paderborn zugeordnet. Vollzogen wurde die Eingliederung aber erst 1825 nach dem Tode des letzten Corveyer Fürstbischofs Ferdinand von Lüninck.

Karolingisches Westwerk

Von Höxter führt eine 1716 angelegte Allee direkt auf die Schlosseinfahrt zu. Mit der Brücke über einen nicht mehr vorhandenen Wassergraben, den Schilderhäuschen und den originellen Pfeilerfiguren stellt das Tor eine interessante Baugruppe dar. Das Reichswappen mit dem gekrönten Doppeladler und das Wappen des Abtes Maximilian von Horrich weisen darauf hin, dass hier einst geistliche Landesherren residiert haben. Ein groß bemessener Vorhof, den Rasenflächen und Wege durchziehen, öffnet das Blickfeld auf die imposante, 112 m lange Westfront des Schlosses mit der Abteikirche auf der Südseite und einem Eckturm auf der Nordseite.

Corvey besitzt mit dem karolingischen Westwerk eines der bedeutendsten Baudenkmäler auf deutschem Boden. Es wurde 873 - 885 an die Kirche angebaut. Obwohl es stets mit dem Langhaus verbunden gewesen ist, bildete es immer einen selbständigen Baukörper. Ursprünglich als Dreiturmanlage errichtet, erhielt es im 12. Jh. sein heutiges Aussehen. Die Baugestalt von Kirche und Westwerk aus der Zeit um 885 zeigt ein Modell im Corveyer Museum.

Man betritt das Westwerk durch die mittlere Arkade des ehem. Paradieses. Im Innern sieht sich der Besucher in das 9. Jh. zurückversetzt; ihn umfängt eine geräumige, fünfschiffige, in ein Dämmerlicht getauchte Halle. Vier in einem Quadrat angeordnete Stützreihen aus Pfeilern und Säulen mit originalen Kapitellen tragen die darüberliegen-

Blick auf den barocken Hochaltar

den Geschosse. Breite Treppen in den Türmen führen ein Geschoss höher in den Johannischor. An drei Wandseiten von Arkaden und Emporen umgeben, wirkt der Raum wie eine Nachbildung der Aachener Pfalzkapelle. Einst diente er als Gastkirche bei Königsbesuchen. Der Thronsitz befand sich in der mittleren Empore auf der Westseite. Den früheren offenen Durchblick in das Langhaus der Kirche verstellt heute die Orgel. Eine kunstgeschichtliche Besonderheit ersten Ranges bilden Reste der Ausmalung und erst vor einem Jahrzehnt freigelegte Vorzeichnungen für Stuckfiguren aus der Erbauungszeit. Sie zeigen für einen Eingangsbereich eines Kirchenraumes ganz und gar ungewöhnliche Bildmotive aus der antiken Mythologie.

Das Westwerk öffnet sich im Erdgeschoss zum Langhaus der Abteikirche hin, einen in den Jahren 1667 - 1671 errichteten Saalbau mit Kreuzrippenwölbung, Maßwerkfenstern und einem polygonalen Chorabschluss. Der Raumeindruck wird bestimmt von der Farbfreudigkeit und der Formenvielfalt des heimischen Barock. Die hellen Farbtöne, ein üppiger Pflanzendekor und die in Gold- und Silbergewänder gehüllten Heiligenfiguren verwandeln das Innere in einen Festsaal, ein Abbild des Himmels, wie die Auftraggeber und die Künstler es damals empfunden haben. Vollständig erhalten hat sich die barocke Innenausstattung. Herausragende Werke sind der Hochaltar und das Chorgestühl sowie die Nebenaltäre und die Vitusweihe. Der Bildschnitzer Johann Sasse aus Attendorn fertigte sie 1675 nach Entwürfen des Brakeler Malers Johann Georg Rudolphi. Im Westteil der Kirche dominiert die Orgel, deren Prospekt ebenfalls Sasse gearbeitet hat. Vier überlebensgroße Engelgestalten tragen die Empore, musizierende Putten schmücken den Prospekt. Das Orgelwerk schuf 1681 Andreas Schneider aus Höxter.

An die Südseite der Kirche grenzt ein kleiner, stimmungsvoller Friedhof an. Auf ihm hat Heinrich Hoffmann von Fallersleben (1798 - 1874), der Dichter des Deutschlandliedes, seine letzte Ruhestätte gefunden.

Nach der Fertigstellung der Kirche begann 1699 Abt Florenz von dem Felde (1699 - 1714) mit dem Neubau des Abteigebäudes. Unter seinem Nachfolger, Maximilian von Horrich (1714 - 1721), gelangten die Arbeiten weitgehend zum Abschluss. In einer Bauzeit von rund 20 Jahren entstand auf der Nordseite der Kirche eine dreigeschossige Vierflügelanlage in den Dimensionen eines Schlosses mit zwei

Innenhöfen, einem Verbindungstrakt und zwei Ecktürmen an der Nordfront. Der Verbindungsflügel trennte den unmittelbar an die Kirche anschließenden Klausurbereich mit dem Kreuzgang von der Residenz der Fürstäbte. In das umfassende Neubauprogramm wurden von 1710 an auch das Vorwerk und die Wirtschaftsgebäude einbezogen. Gartenanlagen und das 1741 fertiggestellte Teehaus im Park vervollständigten das

Kaisersaal

Ensemble. Um die Mitte des 18. Jhs. war die barocke Umgestaltung des Klosters abgeschlossen. Nach der Säkularisation wurden von den neuen Eigentümern Umbauten vorgenommen. Trotz Veränderungen an den Abtei- und Wirtschaftsgebäuden sowie den Gärten und Wassergräben ist die barocke Klosteranlage im Wesentlichen erhalten geblieben.

Besucher betreten das Schloss vom Residenzhof her. Der Rundgang beginnt in der Klosterküche. Die Erinnerung an die eigentliche Bestimmung des Ortes hält hingegen mehr der repräsentative Kreuzgang lebendig. Dort hat heute das romanische Triumphkreuz (um 1250) aus der Vorgängerkirche seinen Platz gefunden. In der Residenz haben nur wenige Räume den ursprünglichen Zustand bewahrt. Zu ihnen gehören der Sommersaal der Äbte und der Kaisersaal, der seinen Namen einem Zyklus von Kaiserbildnissen verdankt. Reiche Stuckaturen, Wand- und Deckengemälde schmücken beide Säle.

Fürstliche Bibliothek

Die der Öffentlichkeit zugänglichen Gebäudeteile werden heute für Dauer- und Wechselausstellungen genutzt. Im Ostflügel der ehem. Klausur sind eine Sammlung zur Geschichte der Abtei, Grabungsfunde aus der zu Corvey gehörenden, wüst gefallenen Benediktinerpropstei "tom Roden" und die Bildergalerie der Äbte untergebracht. Im ehem. Gästetrakt präsentieren Schauräume Mobiliar aus dem frühen 19. Jh. Ein Raum ist dem Dichter Heinrich Hoffmann von Fallersleben, der von 1860 bis zu seinem Tode im Jahre 1874 Bibliothekar in Corvey gewesen ist, gewidmet. Ein weiterer Raum führt in die Geschichte und Struktur der Bibliothek ein.

Der Rundgang endet in der Belétage des Nordflügels. In einer Folge von 15 Sälen hat hier seit 1833 die mehr als 70. 000 Bände umfassende Fürstliche Bibliothek Corvey ihren Platz gefunden.

Lohnend ist ein Gang um das Gelände. Er führt eine kurze Wegstrecke an der Weser entlang und an der Lindengruppe mit dem Dreizehnlindenkreuz vorbei. Eine gute Vorstellung von der landschaftlichen Lage vermittelt ein Blick vom gegenüberliegenden Ufer der Weser.

Besonderheiten sind das Vitusfest am 15. Juni mit Prozession sowie die Corveyer Musikwochen, die jährlich in den Monaten Mai - Juni durchgeführt werden.

Peter Möhring

Informationen und Auskünfte:

Rentkammer Schloß Corvey
37671 Höxter
Tel.: 0 52 71 / 6 81 16
Fax: 0 52 71 / 6 81 40
E-mail: schloss@corvey.de
Internet: http: / /www.corvey.de

Katholische Kirchengemeinde Corvey
Widukindstr. 2
37671 Höxter
Tel.: 0 52 71 / 84 84

Öffnungszeiten:

Schloss, Museum und Kirche:
        01.04. - 01.11. täglich 9.00 - 18.00 Uhr
Die Kirche ist vom 01.11. - 31.03. nur zu den Gottesdiensten,
in der Regel So 8.45 Uhr, geöffnet.

Ehem. Benediktinerinnenkloster
heute: kath. Pfarrkirche und Familienferien- und Bildungsstätte "Schloß Gehrden"

Gesamtkomplex von Südosten

Mehrere gefälschte Gründungsurkunden lassen immer noch Fragen zur Frühzeit des Gehrdener Klosters offen. Ausgangspunkt - und das ist sicher - ist das Benediktinerinnenkloster St. Maria, St. Petrus und Paulus, das von der Iburg bei Bad Driburg (s. dort) 1142 nach Gehrden verlegt wurde. Als Gründer des Benediktinerinnenklosters Gehrden gelten der Paderborner Bischof Bernhard I. von Oesede (1127 - 1160) und der Edelherr Heinrich von Gehrden, der seinen gesamten Gutsbesitz für die Klostergründung zur Verfügung stellte. Durch eine umsichtige Besitzpolitik, verbunden mit weiteren Schenkungen, gelangte das Kloster zu umfangreichem Grundbesitz. 1305 wurde von Gehrden aus im benachbarten Dalhausen der Versuch der Filialgründung St. Catharina unternommen. Der an der Nordseite des Klosters gelegenen Siedlung Gehrden wurden 1319 durch den Paderborner Fürstbischof Stadtrechte verliehen, doch blieb der Einfluss des Klosters gewahrt.

Eine neue Blütezeit erlebte das Kloster, nachdem es sich 1474 der Reformbewegung der Bursfelder Kongregation angeschlossen hatte, die Benediktinerklöster mit gleicher Gottesdienstordnung und gemeinsamer Lebensordnung verband. Im Jahre 1810 erfolgte die Säkularisierung des Klosters durch den Staat und die verbleibenden Nonnen wurden per Dekret aufgefordert, das Kloster zu verlassen. Das Kloster gelangte für kurze Zeit in den Besitz von Jérôme, des Königs von Westphalen, der es zu seiner Sommerresidenz umbauen lassen wollte. Noch im gleichen Jahr verkaufte er das ehem. Kloster an seinen Großzeremonienmeister Graf Bocholtz zu Niesen. 1826 wechselten die Gebäude abermals den Besitzer, als Geldschwierigkeiten den Grafen zwangen, den Besitz dem Baron von Sierstorpff zu verkaufen. Durch Erbfolge kam es

Ehem. Kloster- und heutige Pfarrkirche St. Peter und Paul

dann an die Grafen von Oeynhausen-Sierstorpff. 1933 wurde das Schloss verkauft und die Flächen wurden für Siedlungszwecke aufgeteilt. 1959 erwarb Matthias Heinen die Gebäude mit dem Ziel, ein Haus für Familienerholung zu schaffen, während die ehem. Klosterkirche Pfarrkirche blieb. 1965 schließlich übernahm das Familienerholungswerk im Erzbistum Paderborn das Haus und gründete die Familienferien- und Bildungsstätte "Schloß Gehrden".

Besondere Aufmerksamkeit verdient die ehem. Klosterkirche, heute katholische Pfarrkirche St. Peter und Paul. Trotz mehrerer Umbauten hat sich der Charakter des bedeutenden romanischen Baus mit seiner heute barocken Ausstattung erhalten. Es handelt sich um eine dreischiffige Basilika mit Querschiff in regelmäßiger Kreuzform. Auf das Querschiff folgt ein ebenfalls dreischiffiger Chor, der ursprünglich mit drei halbkreisförmigen, mit Halbkuppeln gewölbten Räumen abschloss. Die romanische Apsis des Hauptchores wurde 1667 durch einen querrechteckigen Abschluß ersetzt, der dann den prunkvollen barocken Hochaltar - eine Stiftung des Paderborner Fürstbischofs Ferdinand von Fürstenberg (1661 - 1683) im Jahre 1682 - aufnahm. Die barocke Orgel fertigte der Höxteraner Orgelbauer Andreas Schneider für das Benediktinerkloster Marienmünster (s. dort) an, von wo sie 1737 nach Gehrden verkauft wurde. Die Erweiterung der Orgel durch die beiden seitlichen Pedaltürme nahm vermutlich der berühmte Orgelbaumeister Johann Patroklus Möller (1697/98 - 1772) vor.

Das Nordportal mit dem kunstvollen Eisenbeschlag besitzt noch einen mittlerweile restaurierten Türklopfer aus dem 13. Jh., mit einem Dämonenkopf vor einem Christuskreuz und vier Füchsen, die sich in die Lunte beißen. Zur Rechten

Blick auf den Hochaltar

hinter der Portaltür ist das sog. Gründerrelief zu sehen. Das Relief, das 1685 datiert, zeigt den Gründer des Klosters, Heinrich von Gehrden, der, vor der Madonna mit dem Kind kniend, sein Erbe in Gestalt der Kirche darbietet.

Von der ausgedehnten Klosteranlage aus der zweiten Hälfte des 17. Jhs. im Südwesten der Kirche haben sich der Südflügel und ein Teil des weit nach Süden verlängerten Westflügels mit dem ehemaligen Gästehaus und verschiedenen Wirtschaftsbereichen erhalten. Die übrigen Gebäudeteile, die sich an den Innenhof mit Kreuzgang anschlossen, wurden 1816 abgerissen. Reste des Kreuzganges und des Refektoriums sind im Erdgeschoss des Südflügels zu sehen. Der Klosterkomplex war zum großen Teil von einer heute zum Teil noch sichtbaren Mauer umschlossen und von einem Bach mit Zisternenanlage durchzogen. Im Schlosspark, dem ehemaligen Klostergarten, ist die mächtige Zwölf-Apostel-Linde zu sehen, die der Überlieferung zufolge bereits seit der Klostergründung Zeuge der wechselhaften Geschichte des Gehrdener Benediktinerinnenklosters ist.

Das ehemalige Gästehaus des Klosters wird heute, ebenso wie der frühere Äbtissinnenflügel, vom Familienerholungswerk e. V. als Gästehaus genutzt. Besonders hinzuweisen ist auf die mit alten Möbeln individuell ausgestatteten Gästezimmer und Aufenthaltsräume, die dem Besucher das Wohnen in "klösterlichem" Am-

Gästezimm[er]

biente, verbunden mit herrschaftlicher Ausstattung und den Annehmlichkeiten des 20. Jhs., vermitteln. Hervorzuheben ist das klassizistisch gestaltete, sog. Fürstenzimmer mit original Pariser Tapete.

Der Familienbund führt als anerkannter Bildungsträger in "Schloß Gehrden" Bildungsangebote mit dem Schwerpunkt Erwachsenen-, Senioren- und Familienbildung durch. Die Räumlichkeiten stehen Gruppen für Tagesveranstaltungen, aber auch Einzelbesuchern ohne Programmbindung zur Verfügung.

Oliver Brehm

Informationen und Auskünfte:

Katholische Kirchengemeinde St. Peter und Paul
Schloßstr. 2
33034 Brakel-Gehrden
Tel.: 0 56 48 / 3 80

Familienferien- und Bildungsstätte "Schloß Gehrden"
Schloßstr. 6
33034 Brakel-Gehrden
Tel.: 0 56 48 / 2 26
Fax: 0 56 48 / 2 56
Internet: http:/ /www.familienbund-pb.de
(Veranstaltungsprogramm)

Öffnungszeiten:

Offen zugänglich sind der Schlosspark und das Freizeitgelände
mit Grillhaus auf dem Agathenberg (nach Absprache zu mieten)
sowie die Kirche (8.30 - 17.30 Uhr).
Schloß- und Kirchenführungen nach Absprache.

Gottesdienste:

Sa 18.00 Uhr (hl. Messe)
So 10.00 Uhr (Hochamt)

Ehem. Zisterzienserabtei
heute: **Jugendhaus des Erzbistums Paderborn und
Kath. Landvolkshochschule "Anton Heinen"**

Gesamtkomplex von Süden

Der Paderborner Bischof Bernhard I. von Oesede rief 1140 Mönche des Zisterzienserordens aus dem Kloster Kamp am Niederrhein nach Hardehausen. Die Geschichte Hardehausens, der ersten Niederlassung des Ordens in Westfalen, ist - wie die der anderen Zisterzienserabteien auch - durch eine Blütezeit im 12. und 13. Jh. gekennzeichnet. Während dieser Zeit wurden das Kloster ausgebaut, die Landwirtschaft erweitert und die drei "Töchterklöster" Marienfeld (1185), Bredelar (1196) und Marienfließ-Scharnebeck (1244) gegründet. In der Zeit des Dreißigjährigen Krieges (1618 - 1648) wurde die Abtei mehrfach geplündert und zerstört. Einen neuen Aufschwung erlebte Hardehausen unter den Äbten Stephan Overgaer (1675 - 1713) und Laurentius Kremper (1713 - 1730), unter denen es auch seine heutige bauliche Form erhielt.

Aufgrund der Säkularisation mussten die Mönche 1803 die Abtei verlassen, die als Staatsdomäne weitergeführt wurde. Parallel dazu besiedelten 1927 noch einmal Zisterziensermönche aus der Abtei Marienstatt/Westerwald die alten Gebäude in Hardehausen. Finanzielle Schwierigkeiten und staatlicher Druck zwangen sie 1938 nach Brasilien auszuwandern und dort eine neue Abtei mit dem Namen Hardehausen-Itatinga zu gründen. Kurze Zeit diente das Haus anschließend als Trinkerheilanstalt und wurde dann 1944 zur Aufnahme der Nationalpolitischen Erziehungsanstalt ("Napola") aus Bensberg beschlagnahmt. Gleich nach dem Zweiten Weltkrieg nutzte man das ehem. Kloster als Jugendhaus und Jugendbildungsstätte des Erzbistums Paderborn. 1949 entstand als zweite Einrichtung die Katholische Landvolkshochschule "Anton Heinen" als Institut der ländlichen Erwachsenenbildung. Mitte der 1960er Jahre erfolgten nach Auflösung der Staatsdomäne der Ausbau der Landvolkshochschule und der Neubau einer Kirche, da die alte Abteikirche 1812 abgerissen worden war. In den 1970er Jahren baute man weitere, bisher landwirtschaftlich genutzte Gebäude für die Bildungsarbeit um bzw. aus. Die

noch vorhandene Landwirtschaft wurde 1991 als "Jugendbauernhof" in die pädagogische Arbeit des Jugendhauses integriert.

Betritt der Besucher das Gelände durch die Haupteinfahrt im Süden, wirkt auf ihn zunächst die Weite des ehem. Wirtschaftshofes. Mit Ausnahme der beiden langgestreckten Gebäude im Norden nutzte man alle hier sichtbaren Gebäude (Plan 2-8) in der Klosterzeit landwirtschaftlich. Heute befindet sich in dem Stallgebäude rechts vom Eingang und der im rechtem Winkel dazu stehenden Scheune der Jugendbauernhof. Es folgen drei ehem. Scheunengebäude (2-4), die heute als Tagungshäuser des Jugendhauses genutzt werden. Die beiden ehem. Stallgebäude (6-7) und das Kornhaus (8) auf der gegenüberliegenden Seite beherbergen heute einen Clubraum, ein Schwimmbad und eine Kegelbahn sowie Sport-, Arbeits- und Freizeiträume für die Bildungsarbeit. Am Kornhaus (8) angekommen, steht der Besucher im Norden vor dem ehem. Abtshaus (18), erbaut 1698, das heute zusammen mit einem in den 1960er Jahren errichteten Erweiterungsbau im Norden die Katholische Landvolkshochschule bildet. Wendet sich der Besucher jetzt nach rechts und

Doppelter Kreuzgang

geht am Gebäude entlang, so erreicht er das alte Konventsgebäude der Abtei (1), das heute Haupthaus des Jugendhauses ist. Auf der rechten Seite hat er die Mühle (9) von 1725 passiert, in der heute das Jugendcafé und die Dokumentationsstelle für kirchliche Jugendarbeit untergebracht sind. Durch die Eingangshalle des Haupthauses gelangt der Besucher in den Kreuzgang, der eine einzigartige Ausstrahlung besitzt: Als frühgotischer Raum wurde er im Barock restauriert.

Besonders bemerkenswert ist der Nordflügel mit dem "doppelten Kreuzgang". Im Nordwesten des Kreuzganges befindet sich der Durchgang zur Katholischen Landvolkshochschule und in die 1966 eingeweihte neue Kirche (14). In der Seitenkapelle der heutigen Kirche bildet ein Palmettenringband-Kapitell der alten Abteikirche den Altar.

Verlässt man die Kirche durch das Portal, so bekommt der Besucher einen ungefähren Eindruck von der 1812 abgerissenen Abteikirche, deren Grundriss durch eine

Gottesdienst auf dem Jugendbauernh…

Kursarbeit im Jugendhaus

niedrige Mauer teilweise nachgezeichnet wird. Ursprünglich handelte es sich um eine kreuzförmige Säulenbasilika des 12. Jhs. (vgl. Neuenheerse), die zu den bedeutendsten Kirchenbauten der sog. Weserromanik gehörte. Im Norden der Kirche hat sich das älteste Gebäude der Klosteranlage erhalten, ein achteckiger frühgotischer Bau des 13. Jhs. auf quadratischem Sockel mit einem pyramidenförmigen Dach (15). Den Mönchen diente es als Friedhofskapelle und Beinhaus (Ossarium). Hinter dieser nach dem Erzengel Michael benannten Kapelle ist der Nordteil der Klostermauer zu sehen mit dem Gartenhaus (16) des ostwestfälischen Barockbaumeisters Franz Christoph Nagel (1699 - 1764), das im 18. Jh. den Abschluss einer Gartenanlage bildete, die sich vom Abtshaus bis an die nördliche Klostermauer erstreckte. Heute steht das restaurierte Gebäude als Konferenz- und Tagungshaus zur Verfügung. Wenn der Besucher die Klosteranlage durch den Nordausgang verlässt und dann links dem Verlauf der noch vollständig erhaltenen Mauer folgt, gelangt er vorbei am ehem. Gästehaus der Abtei (17) wieder zum südlichen Haupteingang und damit zum Ausgangspunkt seines Rundgangs. Im Osten der Anlage befindet sich ein ausgedehnter Park. Die fünf Teiche dienten den Mönchen zur Fischzucht.

Das Jugendhaus Hardehausen steht als Jugendbildungsstätte des Erzbistums Paderborn allen Trägern der katholischen Jugendpastoral- und Jugendarbeit für Veranstaltungen zur Verfügung. Darüber hinaus werden auf dem Jugendbauernhof Bildungsveranstaltungen und praktische Umweltpädagogik für Schulklassen angeboten. Offene Veranstaltungen richten sich an Jugendliche und junge Erwachsene mit den Schwerpunkten Spiritualität/Meditation, Jugendkultur, internationale Begegnung, Ökologie. Mit der Dokumentationsstelle für kirchliche Jugendarbeit steht der interessierten Öffentlichkeit ein umfangreiches Archiv zur Verfügung.

Die Katholische Landvolkshochschule "Anton Heinen" ist eine Erwachsenenbildungsstätte für den ländlichen Raum - in Trägerschaft des Erzbistums Paderborn. Ihre Bildungsangebote konzentrieren sich einerseits auf die Landwirtschaft und richten sich darüber hinaus an alle gesellschaftlichen Gruppen, denen die Gestaltung des ländlichen Raumes ein Anliegen ist. Das Seminar- und Tagungsangebot, das unter anderem die Bereiche Gesundheitsbildung, Sinn- und Glaubensfragen, Ethik und Weltverantwortung bis hin zu Management in Landwirtschaft und Gewerbe umfasst, steht grundsätzlich allen Interessierten offen.

Oliver Brehm

Informationen und Auskünfte:

Jugendhaus Hardehausen
Abt-Overgaer-Str. 1
34414 Warburg
Tel.: 0 56 42 / 6 00 90
Fax: 0 56 42 / 60 09 90
E-mail: jugendh.hdh@dawa.de
Internet: http:/ /www.jugendhaus-hardehausen.de

Katholische Landvolkshochschule "Anton Heinen"
Tel.: 0 56 42 / 9 82 30
Fax: 0 56 42 / 98 23 79
E-mail: kontakt@landvolkshochschule-hardehausen.de
Internet: http:/ /www.landvolkshochschule-hardehausen.de

Öffnungszeiten:

Das Außengelände ist jederzeit zugänglich.

Kirche und Kreuzgang:	Mo - Fr	10.00 - 17.00 Uhr
	So	10.00 - 14.00 Uhr
Offene Führungen:	Juli u. August jeweils Mi 15.00 Uhr	
Gruppenführungen:	nach vorheriger Absprache.	
Archiv:	Anmeldung unter Tel.: 0 56 42 / 60 09 34 erforderlich	

Gottesdienste: So   7.00 Uhr u. 9.30 Uhr

Ehem. Minoritenkloster
Benediktinerinnenabtei vom Hl. Kreuz

Kloster auf dem Burgberg über dem Wesertal

Das einzige heute noch im Hochstift existierende Benediktinerinnenkloster blickt zwar erst auf eine rund 100-jährige Geschichte zurück, knüpft aber an eine alte Tradition an.

Der Ursprung des heutigen Klosters geht auf Franziskaner-Minoriten zurück, die 1651 aus Höxter (s. dort) vertrieben worden waren und sich nach Zwischenstationen in Corvey, Wehrden und Jakobsberg 1657 auf dem Hersteller Burgberg niederließen. Der Paderborner Fürstbischof Dietrich Adolf von der Reck (1650 - 1661) hatte ihnen dort das Pfarrhaus der Dorfkirche St. Bartholomäus zugewiesen. Die Minoriten bauten das Pfarrhaus in der Folgezeit zu einem Kloster aus und übernahmen die Pfarrseelsorge in Herstelle und den benachbarten Gemeinden.

Das Kloster entging 1803 zunächst der Aufhebung, da der preußische König die Bedeutung der pastoralen Wirksamkeit anerkannte. Auch besaßen die Minoriten gemäß ihres franziskanischen Armutspostulates kein Vermögen.

1824 wurde der Konvent dann aber doch aufgelöst, die Gebäude wurden der katholischen Kirchengemeinde übergeben. Danach standen sie lange Zeit leer, bis sich 1899 die Benediktinerinnen der Ewigen Anbetung aus Peppingen (Luxemburg) in Herstelle niederließen. Als sich nach harten Anfangsjahren das Leben der Kommunität festigte, suchten die Schwestern sich mehr und mehr am Geist des benediktinischen Ursprungs und der Liturgie auszurichten. 1924 erfolgte der Anschluss an die Beuroner Kongregation und die Erhebung des Klosters zur Abtei vom Heiligen Kreuz.

Die wechselhafte Geschichte der Einrichtung hat zur Folge, daß sich das heutige Kloster nicht als geplante Anlage, sondern als heterogener Gebäudekomplex präsentiert, der die Bedürfnisse und Möglichkeiten der jeweiligen Zeit widerspiegelt. Im Zentrum der Klosteranlage steht die Kirche, die trotz der Umbauten Ende des 19. Jhs. und Restaurierungen Anfang der 50er Jahre ihren franziskanischen Charakter bewahrt hat. Die Räumlichkeiten des 1723 - 1726 ausgebau-

Chorgebet der Schwestern

ten und erweiterten ehem. franziskanischen Pfarrhauses dienen heute überwiegend dem klösterlichen Gemeinschaftsleben mit dem Kapitelsaal, dem Refektorium, einer Bibliothek und den Unterkünften. Ebenfalls sind hier die Klosterpforte und die hauswirtschaftlichen Bereiche wie z. B. die Küche und eine Wäscherei untergebracht. Zum Gesamtkomplex gehören außerdem eine Kunst- und Buchhandlung mit Keramikwerkstätten, eine Gärtnerei, die Friedhofsanlage, Gruppenräume, Unterbringungsmöglichkeiten für Gäste, der Kreuzgang und der Klausurgarten.

Grundlage des klösterlichen Gemeinschaftslebens damals wie heute ist die Regel des hl. Benedikt von Nursia (um 480 - 560). 1999 zählte der Hersteller Konvent 65 Schwestern.

Für die Hersteller Klostergemeinde bilden Eucharistiefeier und Chorgebet den Mittelpunkt ihres Lebens. Die Klosterkirche steht allen offen, die am Gebet der Schwestern teilnehmen möchten. Eine weitere Aufgabe sehen die Schwestern heute darin, dem Bedürfnis vieler Menschen nach Stille, Besinnung und geistlicher Vertiefung im Sinne benediktinischer Gastfreundschaft zu entsprechen. Angeboten werden unter anderem Exerzitien, geistliche Wochenenden, Einzel- und Gruppengespräche, Au pair-Aufenthalte und Informationsgespräche.

Kunst- und Buchhandlung   *Oliver Brehm*

Informationen und Auskünfte:

Abtei vom Heiligen Kreuz Herstelle
Postfach 1553
37679 Beverungen
Tel.: 0 52 73 / 8 04 - 0
Fax: 0 52 73 / 8 04 70
E-mail: abtei-herstelle@t-online.de

Öffnungszeiten:

Für Besucher sind die Kirche, die Kunst- und Buchhandlung und
die Gärtnerei mit einem Schaugarten zugänglich.

Kirche:		tagsüber durchgehend geöffnet
Kunst- und Buchhandlung:	Mo - Fr	9.30 - 12.00 Uhr
		15.00 - 17.40 Uhr
	Sa	9.30 - 12.00 Uhr
		15.00 - 16.00 Uhr
Gärtnerei:	Mo - Fr	9.00 - 12.00 Uhr
		15.00 - 17.45 Uhr
	Sa	9.00 - 16.00 Uhr
	So	10.00 - 12.00 Uhr

Gottesdienste:

Die Gottesdienstzeiten sind eng mit der benediktinischen Regel
und ihrer Forderung ora et labora verbunden:
 6.30 Uhr Laudes (So Matutin und Laudes)
 7.30 Uhr Terz und Choralamt (So 8.15 Uhr)
12.15 Uhr Sext
14.45 Uhr Non (So 15.30 Uhr)
18.00 Uhr Vesper
20.00 Uhr Vigilien u. Komplet

Ehem. Minoritenkloster
heute: Kirche und
Gemeindehaus der ev. Kirchengemeinde

Marienkirche

Auf Wunsch des Corveyer Abtes Hermann von Holte (1223 - 1255) kamen Franziskanermönche - vermutlich aus Hildesheim - nach Höxter und gründeten dort 1248 das Kloster St. Maria. Die Franziskaner-Minoriten bestritten durch Betteln ihren Unterhalt und verbanden mit der Armut die Demut. Daher nannten sich die Brüder des hl. Franziskus auch die Minderen Brüder (minores fratres). Sie halfen in der Seelsorge durch Predigt und Beichtangebote.

Kloster und Kirche standen im 16. und 17. Jh. im Mittelpunkt der Reformationswirren in Höxter. Die Reformation, die 1533 in Höxter Einzug hielt, hatte gravierende Folgen für die Tätigkeit der Minoriten. Öffentliche Gottesdienste wurden ihnen untersagt und auch wirtschaftliche Schwierigkeiten führten dazu, dass die Minoriten 1555 ihren Besitz dem Abt und Kapitel zu Corvey unter dem Vorbehalt der Rückgabe übertrugen und schließlich 1573 die Stadt verließen. Die Kirche überließ man der evangelischen Gemeinde und die schadhaften Klostergebäude wurden noch im gleichen Jahr abgerissen.

Im Zuge der Gegenreformationen kehrten die Minoriten 1628 vorübergehend nach Höxter in ihr Kloster zurück. Unter der hessischen Herrschaft mussten sie jedoch die Stadt 1633 ein zweites Mal verlassen. Ein weiteres kurzes Gastspiel gaben die Minoriten in Höxter zwischen 1636 und 1651, bevor sie erneut aus ihrem Kloster vertrieben wurden. Bereits 1649 war die Klosterkirche den Protestanten zugesprochen worden.

Die Minoriten ließen sich nach mehreren Zwischenstationen in Herstelle nieder und gründeten dort ein neues Kloster (s. dort). Auf Wunsch des Corveyer Administrators Christoph Bernhard von Galen (1661 - 1678) kehrte ein Teil der Mönche 1662 aus Herstelle nach Höxter zurück und erhielt 1674 auch die Kirche wieder. 1804 schließlich wurde das Kloster durch die nassau-oranische Regierung des Fürstentums Corvey endgültig aufgelöst.

In Höxter hatten die "Grauen Brüder", wie der hier tätige Zweig des

Ordens genannt wurde, ein gutes Ansehen bei der Bevölkerung, so dass sie neben dem Konventsgebäude an der neuen Stadtmauer schon 1250 den Grundstein für eine Kirche legen konnten. Vermutlich wurde sie bei dem Stadtbrand im Jahre 1271 zerstört. Bereits 1283 erhielt die neue Kirche, bestehend aus einem Haupt- und einem Seitenschiff, die Weihe. 1320 gab man ihr mit der Verlängerung des Hauptschiffes durch einen dreijochigen, gleich hohen Chorraum mit polygonalem Abschluss ihre heutige Gestalt. Die Besonderheit des Baus liegt in seiner Mischform: unsymmetrisch aus einem Haupt- und einem Nebenschiff bestehend ist ihr Querschnitt halb- oder pseudobasilikal gestaltet bei sonst hallenförmigem Charakter. Diese in der Baukunst Westfalens eigentümliche Zwischenform wird auch "Stufenhalle" genannt. Auffallend ist die betonte Schlichtheit, die, abweichend von der "offiziellen" Gotik, dem Bauprinzip der Bettelorden entspricht. Der steinerne Lettner, der den Chorraum vom Hauptschiff trennt, und der einst die Schranke zwischen Klerus und Laien gebildet hat, gehört zu den ältesten seiner Art in Westfalen. Von der beweglichen Innenausstattung aus der Zeit der Mönche ist nichts mehr vorhanden.

Der nördlich an die Kirche anschließende Klostertrakt wurde 1573 auf Geheiß des Abtes von Corvey abgerissen. In der Zeit zwischen 1628 und 1630 errichteten die Mönche als Klostergebäude den Fachwerkbau hinter der Kirche, der heute das Gemeindeamt und Räume der evangelischen Kirchengemeinde beherbergt. 1780 wurde das zum Kloster gehörende Fachwerkhaus zwischen der Marienkirche und dem Bahndamm erbaut, das in Höxter unter der Bezeichnung "ehemalige Nähschule" bekannt ist und heute als Pfarrhaus genutzt wird.

Nach der Säkularisierung wechselte die Kirche häufig den Besitzer, wodurch sie aber vor einem drohenden Abriss verschont blieb. 1850 erwarb die evangelische Kirchengemeinde die Kirche, konnte aber eine notwendige Renovierung aus finanziellen Gründen nicht durch-

Blick in den gotischen C

führen. Lange Zeit diente sie als Schuppen und Lagergebäude, bis 1952 umfassende Renovierungsarbeiten wieder Gottesdienste und Konzerte in der Kirche ermöglichten. 1970 - 1971 wurde sie wegen der Renovierung der Kilianikirche auch als Ausweichkirche für die katholische St. Nicolai-Gemeinde genutzt. In diese Zeit fällt auch der erste ökumenische Gottesdienst in Höxter. Die unheilvolle Zeit der Auseinandersetzungen der Konfessionen, die sich auch in der Geschichte der Kirche widerspiegelt, ist damit endgültig überwunden. Die Besonderheit der Marienkirche liegt in der seit 1320 unveränderten baulichen Erscheinung. Die Besitzrechte an den Klostergebäuden wechselten ebenfalls häufig, ehe sie zu Beginn des 20. Jhs. in das Eigentum der evangelischen Kirchengemeinde übergingen, die dort ein Altenheim einrichtete, das bis in die 70er Jahre bestand. In den darauffolgenden Jahren wurden die Gebäude zu einem Gemeindezentrum ausgebaut.

Kirchenkonzerte in der Marienkirche werden in unregelmäßigen Abständen durchgeführt.

Oliver Brehm

Informationen und Auskünfte:

Evangelische Kirchengemeinde Höxter
Brüderstr. 9
37671 Höxter
Tel.: 0 52 71 / 75 86

Öffnungszeiten:

Kirche: täglich 9.00 - 17.00 Uhr
Eine Besichtigung der ehem. Klostergebäude ist nicht möglich.
Der Innenhof hinter der Kirche bietet jedoch einen guten Überblick auf die gesamte Anlage.

Gottesdienste:

Im Sommerhalbjahr (zwischen Ostern und Reformationstag)
So 8.00 Uhr

Ehem. Benediktinerabtei
Abtei Marienmünster, Sitz einer Passionisten-
kommunität, kath. Pfarrkirche sowie Privatbesitz

Gesamtansicht der Klosteranlage

An einem Waldsaum gelegen, grüßen die Türme der Klosterkirche Besucher und Reisende schon von weitem. Mit dem vorhandenen Bestand an historischen Gebäuden zählt Marienmünster zu den wenigen fast vollständig erhaltenen Klosteranlagen in Westfalen.

Auf eine Anregung des Paderborner Bischofs Bernhard I. stifteten Graf Widukind von Schwalenberg und seine Gemahlin Lutrudis von Itter 1128 ein Benediktinerkloster, dem sie den Namen Marienmünster gaben. Der Gründungskonvent und die ersten Äbte kamen aus der Abtei Corvey. Im 12. und 13. Jh. war das Kloster ein Ort großer religiöser und kultureller Ausstrahlung. Von Anfang an übte es die Seelsorge in den umliegenden Ortschaften aus. Infolge des schwindenden Einflusses der Stifterfamilie drohte das Kloster im 14. Jh. ein Opfer territorialer Auseinandersetzungen zu werden. Mit dem wirtschaftlichen Niedergang ging ein Verfall der Ordenszucht einher. Zu einer Erneuerung des klösterlichen Lebens führte erst wieder der Anschluss an die Bursfelder Reformbewegung im Jahre 1480. Der Dreißigjährige Krieg verursachte schwere Schäden. Zum Ende des Krieges boten Kirche und Kloster ein Trümmerfeld.

Abt Ambrosius Langen (1661 - 1681) leitete den Wiederaufbau ein, den eine geistige Blüte begleitete. Während des Siebenjährigen Krieges brachten Kontributionszahlungen an durchziehendes Militär die Abtei unverschuldet erneut an den Rand des Ruins. Von den Folgen erholte sie sich nur langsam. Die Säkularisation zog 1803 die Aufhebung des Klosters nach sich. Die Abteikirche blieb als Pfarrkirche erhalten. Der Nordostflügel und der Friedhof verblieben ebenfalls im Besitz der katholischen Kirchengemeinde. Die übrigen Gebäude und die Domäne gingen später in Privatbesitz über.

Mit einer Kommunität niederländischer und deutscher Passionisten lebte 1966/67 die abgerissene monastische Tradition wieder auf. Wie früher die Benediktiner üben sie heute die Seelsorge in den Gemeinden der Stadt Marienmünster aus.

Der Zugang zur ehem. Abteikirche St. Jakobus d. Ältere führt über den

Gemeindefriedhof. Bis zur Zerstörung im Dreißigjährigen Krieg war die Abteikirche eine dreischiffige romanische Basilika mit einem Querhaus, einer Hauptapsis, einem achteckigen Vierungsturm und einer zweitürmigen Westfront. Die im 17. Jh. erfolgte Wiederherstellung nahm grundlegende bauliche Veränderungen vor. Das romanische Langhaus erfuhr eine Umwandlung in eine Halle, und nach Osten wurde ein hoher, langgestreckter Chor angeschlossen. Die nun aufgestockten

Türme krönten Haubendächer, sog. Welsche Hauben. Wegen Baufälligkeit notwendig gewordene Umbauten um die Mitte des 19. Jhs. gaben der Kirche ihre heutige Gestalt.

Das Innere der Kirche überrascht mit einer prächtigen Barockausstattung. Ein kunstvolles, schmiedeeisernes Gitter, gefertigt von dem Klosterschmied Hans Pieperling, trennt seit 1693 den Mönchschor vom Kirchenschiff. Den Hochaltar und die beiden Nebenaltäre arbeitete Paul Gladbach aus Rüthen in den Jahren 1683 - 1685. Die Gemälde

Blick in den Chor mit dem Hochaltar

schuf 1698 Anton Berning aus Kallenhardt. Die übrigen Teile der Ausstattung - das reich verzierte Chorgestühl, Beichtstühle, Kommunionbank und Taufe - stammen ebenfalls aus dem späten 17. Jh. Die Kanzel wird in das Jahr 1722 datiert. Der Paderborner Bildhauer Johann Philipp Pütt schnitzte 1735 die Pfeilerfiguren des hl. Josef und des hl. Nepomuk. Eine von dem Mönch Wiggerinck geschaffene, spätgotische Pietà in einem barocken Schrein wird als Gnadenbild verehrt. In die Chorwände sind zwei mittelalterliche Grabreliefs aus dem 13. Jh.

eingelassen. Nach der Überlieferung stellen die Figuren die Schwalenberger Grafen Widukind I., den Gründer der Abtei, und seinen Sohn Volkwin dar. Im Altarraum befinden sich außerdem die Grabplatten der Äbte Ambrosius Langen (1661 - 1681) und Joseph Beitelmann (1712 - 1723). Mit der 1736 - 1738 von Johann Patroklus Möller gebauten Orgel besitzt die ehem. Klosterkirche ein berühmtes Meisterwerk westfälischer Orgelbaukunst. Mit 3 Manualen und 42 Registern gehört sie zu den größeren Arbeiten Möllers. Der Farbreich-

Johann Patroklus Möller Orgel

tum ihrer Soloregister und das breit fundierte Plenum verleihen ihr die typisch barocke Klangkrone. Seit der Restaurierung 1965/66 hat die Orgel ihre ursprüngliche Gestalt wieder zurückerhalten.

Im Zuge notwendiger Restaurierungsarbeiten wurden 1907 wurmstichige Altarfiguren und der Figurenzyklus an den Rückwänden des Chorgestühls von dem Bildhauer Moormann aus Wiedenbrück durch neue ersetzt. Die Originale sind verschollen. Die neugotische Gewölbemalerei im Chor ist der Rest einer 1912 erfolgten Ausmalung des ganzen Kirchenraums, die später wieder beseitigt wurde.

Etwa zeitgleich mit dem Wiederaufbau der Kirche wurden die Konventgebäude errichtet. 1669 war der Nordflügel fertiggestellt. Von dem 1848 wegen Baufälligkeit abgerissenen Dormitorium existiert noch der reliefierte Grundstein von 1701 mit dem Wappen des Abtes Augustinus Müller (1682 - 1712). Er bildet heute den Sockel einer Benediktstatue im Vorgarten des Pfarrhauses.

Den Klosterbereich umgibt eine Mauer aus der Zeit des Abtes Joseph Beitelmann. Als Hauptzufahrt diente früher das Figurenportal auf der Westseite. Stattliche Wirtschaftsgebäude, erbaut in den Jahren 1717 - 1732, säumen den Innenhof. Neu angelegt ist ein Kreuzweg im Wald mit 15 Stationen.

In der Kirche finden regelmäßig Chor- und Orgelkonzerte statt, die von der Gesellschaft der Musikfreunde der Abtei Marienmünster e. V. veranstaltet werden. Für junge Leute, die am Ordensleben interessiert sind, besteht die Möglichkeit einige Tage in Marienmünster zu verbringen.

Peter Möhring

Informationen und Auskünfte:

Katholisches Pfarramt St. Jakobus
Abtei 6
37696 Marienmünster
Tel.: 0 52 76 / 10 19
Fax: 0 52 76 / 73 50
Internet: http:/ /www.marienmünster.de

Öffnungszeiten:

Kirche:　ganztägig und ganzjährig geöffnet

Gottesdienste:

Sa 18.00 Uhr
So 10.00 Uhr

Neuenheerse, Stadt Bad Driburg

Ehem. Kanonissenstift Heerse
**heute: kath. Pfarrkirche und
Vereinigte Museen des Wasserschlosses Heerse**

Gesamtkomplex mit Wohn- und Wirtschaftsgebäuden

Im Jahre 868 wurde in der heutigen Ortschaft Neuenheerse durch Bischof Liuthard von Paderborn und seine Schwester Walburga das Damenstift Heerse gegründet. Es gehörte zu den von monastischen Einrichtungen deutlich zu unterscheidenden Kanonissenstiften, die man seit dem Spätmittelalter wegen ihrer freieren Verfassung und ihrer Bindung an den Adel auch "hochadelige Freiweltliche Damenstifte" nannte.

In seiner fast 1000-jährigen Geschichte (868 - 1810) hatte das Stift Heerse - vor allem in den ersten Jahrhunderten - eine weit ausstrahlende Bedeutung und Wirkung. Worauf gründete sie?

Während die Nonnen in den Klöstern nach strengen Regeln ihr monastisch-asketisches Ideal zumeist abseits der menschlichen Siedlungen zu verwirklichen suchten, pflegten die Stiftsdamen einen regen Austausch mit Angehörigen und Gästen. Sie durften reisen und legten keine Gelübde ab. Sie versprachen Gehorsam gegenüber der Äbtissin und ein Leben nach den Statuten des Stiftes. Sie durften das Stift wieder verlassen, um zu heiraten. Nur die Äbtissin gelobte Ehelosigkeit und erhielt vom Bischof die Äbtissinnenweihe. Bis zum beginnenden 14. Jh. ist auch eine gemeinsame Lebensweise in einer Klosteranlage anzunehmen, wofür es in Heerse vermutlich südlich der Kirche angebaute Räumlichkeiten gab.

Neben Gottesdienst und Gebet kümmerten sich die Stiftsdamen um Arme, Kranke und Pilger. Ihre Hauptaufgabe aber war die Erziehung und Bildung der Töchter des Adels. Einige ihrer Schülerinnen nahmen später selbst den Schleier der Kanonissen, andere kehrten ins Elternhaus zurück und heirateten. Viele bedeutende Fürstinnen, auch Königinnen und Kaiserinnen, erhielten ihre Ausbildung bei den hochgebildeten und auch in weltlichen Dingen erfahrenen Kanonissen vor allem der hochadeligen Damenstifte. 1810 wurde das Stift im Zuge der Säkularisation aufgehoben. Die Kirche blieb Pfarrkirche. Alle anderen

Öffnungszeiten:

Kirche: täglich 9.00 - 18.00 Uhr (Fr 9.00 - 12.00 Uhr)
Führungen durch den Verkehrsverein oder das Pfarramt.
Führungen durch das Wasserschloss (ab 10 Pers.) nach
Vereinbarung.

Gottesdienste:

Sa 18.30 Uhr; So 10.00 Uhr

"tom Roden", Stadt Höxter

Ehem. Benediktinerpropstei

Mittelalterliche Fundamente

Ein Besuch der Klosterruine "tom Roden" lässt sich besonders gut mit einem Besuch von Schloß Corvey verbinden. Die in unmittelbarer Nähe gelegene Anlage ist von dorther ausgeschildert.

Am Beispiel der Benediktinerpropstei "tom Roden" lassen sich die Probleme, aber auch die Vorgehensweise und schließlich die Erfolge archäologischer Feldarbeit anschaulich demonstrieren. Systematische Ausgrabungen, die von 1976 bis 1980 durchgeführt wurden, konnten den kompletten Grundriss des Klosters erschließen. In den Jahren 1990 und 1991 mauerte man die Fundamente über dem Boden sichtbar wieder auf.

Am Anfang der "modernen" Geschichte des Klosters stand die urkundliche Erwähnung der Kirche als "ecclesia S. Mariae Magdalenae ad Novale" aus dem Jahre 1184. Obwohl noch im 17. Jh. die Ruinen der Anlage sichtbar gewesen sein sollen, war die genaue Lage der späteren Propstei lange Zeit fraglich und wurde in der Wissenschaft kontrovers diskutiert. Wie so häufig kam den Wissenschaftlern der Zufall zu Hilfe. Durch den Einsatz neuer Tiefpflüge wurden Fundamentreste zu Tage gefördert, die einen ersten Hinweis auf die Lage des Klosters gaben. Eine fachkundige Geländebegehung in der Weseraue erhärtete die Vermutung, dass es sich um das urkundlich erwähnte Kloster handeln müsse. Eine Probegrabung im Jahre 1975, bei der man direkt unter der Humusschicht auf Mauerreste stieß, führte zur Gewissheit. Darüber hinaus konnten die Archäologen anhand der Architekturformen und des Fundmaterials die Gründungszeit präzisieren. Sicher ist demnach, dass die Anlage bereits in der ersten Hälfte des 12. Jhs. - spätestens 1150 - gegründet wurde. Über die Gründungsmotive geben leider auch die archäologischen Quellen keine Auskunft. Die Gründung ist vermutlich nicht von Corvey ausgegangen. Spätestens 1244 aber ist in "tom Roden" ein Propst nachgewiesen, der Benediktinermönch in Corvey war. Im Jahre 1327 wurde "tom Roden" durch Herzog Otto von Braunschweig und die Bewohner der Stadt Höxter zerstört.

Nach dem Wiederaufbau setzte im 15. Jh. der Niedergang des Klosters ein, das erneut überfallen und geplündert wurde. Nachdem sich Propst Johann von der Lippe 1505 der Reform des Klosters Corvey durch die Bursfelder Kongregation widersetzte, wurde die Auflösung des Konvents von "tom Roden" beschlossen und im Jahre 1538 durchgesetzt. Der Grundbesitz fiel an das Kloster Corvey, wobei die Anlage systematisch ausgeplündert wurde. Die Inneneinrichtung mitsamt den kostbaren Fußböden wurde vollständig entfernt und die noch stehenden Klostergebäude nutzte man als Steinbruch, unter anderem für den barocken Neubau des Klosters Corvey. Glücklicherweise erwiesen sich die Fundamentsteine als wenig geeignet, so dass der Grundriss erhalten blieb.

Die Grabungsbefunde und die heute in Corvey präsentierten Exponate belegen, dass "tom Roden" eine zwar kleine, aber mit allen

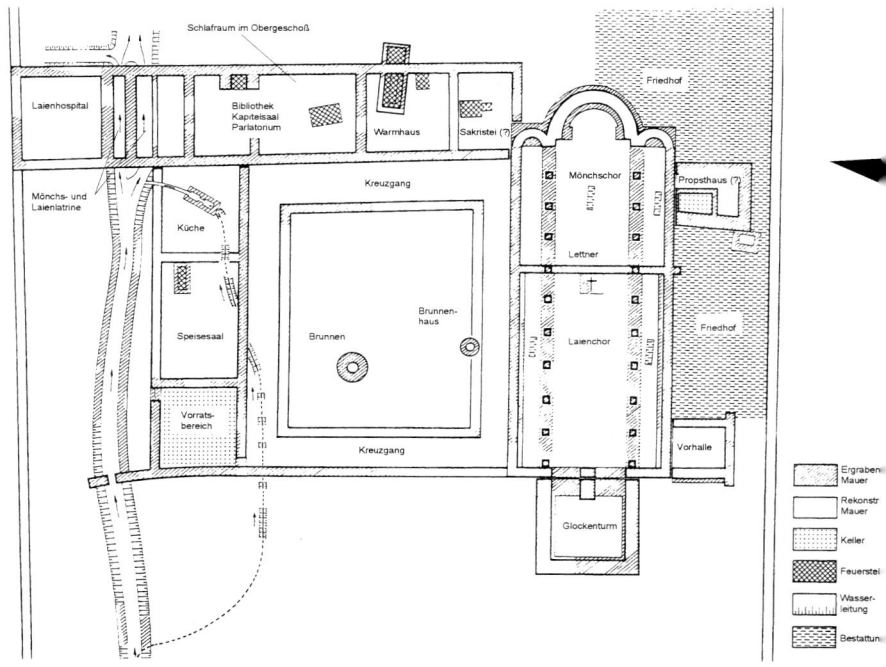

Funktionsbereichen eines Klosters ausgestattete Anlage war, die zudem noch über einen gewissen Luxus verfügte. Die zweiflügelige Anlage mit den Klostergebäuden im Norden und Osten sowie der Kirche im Süden wurde im Westen von einer Mauer abgeschlossen. Ein Kreuzgang umschloss den Innenhof mit einer Brunnenanlage. Der Mönchstrakt war im östlichen, beheizbaren Flügel untergebracht. Hier lagen auch der Kapitelsaal, der Sprech- und Besucherraum (Parlatorium) und die Wärmestube (Calefactorium). Im oberen Geschoss befand sich der Wohntrakt der Mönche. Im nördlichen Trakt waren die Wirtschaftsräume untergebracht.

Die dreischiffige Kirche war durch einen Lettner in einen Mönchschor und einen Laienbereich unterteilt. Der westliche, den Laien vorbehaltene Teil der Kirche diente vermutlich den Bewohnern des Dorfes Roden als Pfarrkirche. Die Wasserver- und -entsorgung erfolgte durch die Umleitung der nahe gelegenen Schelpe. Durch ein Leitungssystem mit Bleirohren wurde auch die Klosterküche mit Wasser versorgt. Die bei den Ausgrabungen geborgenen Bleirohre sind heute zusammen mit anderen interessanten Exponaten, z.B. einem Kapitell aus der frühen Klosterzeit, im Schloß Corvey zu besichtigen. Die aufwendige Warmluftheizung, die Versorgungseinrichtung für Wasser und eine vergleichsweise kostbare Innenausstattung dokumentieren den hohen Standart dieser klösterlichen Niederlassung, die den Mönchen ein relativ angenehmes Leben ermöglichte.

Oliver Brehm

Informationen und Auskünfte:

Städtisches Fremdenverkehrs- und Kulturamt
Historisches Rathaus
37671 Höxter
Tel.: 0 52 71 / 1 94 33
Fax: 0 52 71 / 9 63 - 4 35
E-mail: info@hoexter.de
Internet: http://www.hoexter.de

Öffnungszeiten:

Die Anlage ist frei zugänglich und kann täglich besichtigt werden.

Ehem. älteres Dominikanerkloster
heute: ev. Pfarrkirche und Gymnasium Marianum

Blick aus der Altstadt

Der Predigerorden der Dominikaner kann auf eine lange Tradition in Warburg zurückblicken. Bereits 1281 wurden die Brüder von dem Paderborner Bischof Otto von Rietberg (1277 - 1307) nach Warburg gerufen, wo man ihnen zunächst ein bischöfliches Haus in der Nähe der heutigen Altstadtkirche zuwies. Auf dem Ikenberg, im 12. Jh. als Weinberg genutzt, stand eine Marienkapelle, die als "Maria in vinea - Maria im Weinberg" zur ersten Pfarrkirche der Altstadt Warburg wurde. Diese Kirche übertrug der Bischof 1286 den Brüdern ebenso wie das anschließende Gelände, auf dem sie in den folgenden Jahren ihr Kloster errichteten. Diese Schenkung, verbunden mit der Auflösung der Altstadtpfarrei, führte zu tätlichen Auseinandersetzungen zwischen den Dominikanern und den Bürgern der Altstadt. Nachdem den Altstädtern ein Jahr später der Bau einer neuen Kirche zugesagt und die Verbindung mit der Neustadtpfarrei wieder gelöst wurde, wandelte sich das Verhältnis und die Dominikaner erfreuten sich nunmehr allgemeiner Beliebtheit bei den Bürgern.

In der Reformationszeit hielten sie am katholischen Glauben fest und übernahmen im 16. und 17. Jh. seelsorgerische Tätigkeiten in der Umgebung. Neben den Gottesdiensten und der Predigertätigkeit nahmen Bildung und Wissenschaft breiten Raum im Leben der Brüder ein. Unabhängig von der Ausbildung der Prediger im Kloster führten die Dominikaner dort seit 1628 eine höhere, öffentliche Schule.

Im Zuge der Säkularisierung untersagte man den Dominikanern 1810, Novizen aufzunehmen. Die Brüder durften aber weiterhin im Kloster wohnen und die Schule betreiben. Trotz Intervention des Bürgermeisters und des Stadtrates wurde das Kloster jedoch per Kabinettsorder vom 31. Dezember 1824 vom preußischen König Friedrich Wilhelm III. aufgehoben. Die Klosterkirche diente zunächst als Simultankirche und ging dann in den Besitz der evangelischen Kirchengemeinde über. In den Klostergebäuden wurde die Schule zunächst als königlich preußisches Progymnasium, seit 1874 als vollständiges Gymnasium - Gymnasium Marianum - weitergeführt.

Der Kirchenbau lässt auch heute noch viele Fragen offen. In der ersten Hälfte des 13. Jhs. war die Kirche wohl eine dreischiffige romanische Basilika mit Westturm. Nachdem die Dominikaner die Kirche übernahmen, veränderten sie den Kirchenbau in eine zweischiffige Hallenkirche und verlängerten Haupt- und Seitenschiff. Der hochgotische Chor aus der ersten Hälfte des 14. Jhs. wurde mehrfach umgebaut. Seit dem 17. Jh. erweitern zwei weitere Seitenschiffe den Kirchenbau zu einer vierschiffigen Hallenkirche. Den prachtvollen barocken Portalaltar stiftete Bischof Ferdinand von Fürstenberg (1661 - 1683) im Jahre 1665. Besonders sehenswert ist das großartige Altarbild, das die Aufnahme Mariens in den Himmel zeigt. Zugeschrieben wird es dem flämischen Maler Carl Fabritius, dem Hofmaler Ferdinands. Auf Grund der extremen Hanglage schließen sich die Klostergebäude im Osten der Kirche an. Vom Brüderkirchhof gelangt man in den Kreuzgang, der einen schönen Innenhof umschließt. Der Kern des Kreuzgangs mit seinen spitzbogigen, heute verglasten Arkaden stammt noch aus dem 14. Jh. Bei Restaurierungsarbeiten wurden 1955 Reste eines Freskenzyklus aus der zweiten Hälfte des 15. Jhs. zur Passion Christi freigelegt. Es lassen sich noch drei Szenen von jeweils etwa 2,5 bis 3 m Länge erkennen: Jesus im

Ausstellung im Kirchenraum

Garten Gethsemani, der Judaskuss und die Geisselung und Dornenkrönung. Verschiedene Einzelheiten erinnern an den Meister von Liesborn. Die Klosteranlage in ihrer heutigen äußeren Form geht jedoch im Wesentlichen auf das 18. Jh. zurück.

Der Innenraum der Kirche steht alle zwei Jahre für die Inszenierung von Arbeiten junger Künstler zur Verfügung. Denn Kirche und moderne Kunst zusammenzuführen, ist das Anliegen von "Communicare", einem Projekt der Kirchengemeinde in Zusammenarbeit mit dem Kulturforum Warburg und dem Museumsverein. Jungen Künstlern, vorrangig aus der Region, soll hier die Möglichkeit gegeben werden, eine Verbindung zwischen ihrer modernen Kunst und dem Raum Kirche als Gebäude und als Ort des Gottesdienstes herzustellen. Nicht Kirche als Ausstellungsraum, sondern Kirche als Ort der Verbindung von moderner Kunst und altem, sakralen Raum ist Ziel dieses Projektes. Die Kirche ist im Rahmen dieses Projektes in den Sommermonaten zu bestimmten Öffnungszeiten als Ort der Besinnung, der Betrachtung und der Auseinandersetzung - auch außerhalb der Öffnungszeiten - erfahrbar.

Oliver Brehm

Informationen und Auskünfte:

Evangelische Kirchengemeinde
Sternstr. 19
34414 Warburg
Tel.: 0 56 41 / 85 21

Fremdenverkehrsamt
Rathaus zwischen den Städten
34414 Warburg
Tel.: 0 56 41 / 9 25 55
Fax: 0 56 41 / 9 25 83
E-mail: info@warburg-touristik.de
Internet: http://www.warburg-touristik.de

Öffnungszeiten:

Die Außenanlagen sind stets zugänglich.
Kirche und Schule sind außer bei kirchlichen bzw. schulischen Veranstaltungen nur im Rahmen von Stadtführungen zu besichtigen.

Gottesdienste:

So- und feiertags 10.00 Uhr

⑦ Warburg

Ehem. jüngeres Dominikanerkloster
Syrisch-orthodoxes Kloster St. Jakob von Sarug

Kloster St. Jakob von Sarug

Das ehem. jüngere Dominikanerkloster (1892 - 1993) an der Klosterstraße dient heute als Kloster und Bischofssitz der syrischorthodoxen Kirche. Das Erzbistum Deutschland der syrisch-orthodoxen Kirche wurde 1997 gegründet. Als Bischofssitz entschied man sich für die Stadt Warburg, nachdem man dort mit dem Erwerb des ehem. Dominikanerklosters eine geeignete Stätte gefunden hatte.

Nachdem die Dominikaner ihr erstes Kloster in Warburg (s. dort) 1825 verlassen mussten, erfolgte mit Genehmigung der preußischen Regierung vom 29. April 1887 im Jahre 1892 eine Neugründung eines Konvikts der Ordensgemeinschaft in Warburg. Zwischen 1903 und 1908 wurden Klosterkirche und Klostergebäude nach den Plänen des Architekten Pickel aus Düsseldorf an der Klosterstraße neu errichtet. 1933 erhielt die Klosterkirche mit dem Anbau des Chores die typische Gestalt einer Bettelordenskirche. Der neugotische Kirchenbau ist mit einem reich gegliederten Maßwerk ausgestattet und grenzt unmittelbar an den Kreuzgang. Der Kircheninnenraum besteht aus einem großen Wandpfeilersaal mit einem zweigeschossigen Nebenschiff auf der Ostseite, einer über dem südlichen Eingangsbereich liegenden Empore und einem erhöhten Chorraum im Norden. Die Stirnwand des Chorraumes beherrscht eine große Kreuzigungsgruppe. Der ausdrucksstarke Christus am Kreuz ist eine Arbeit des ausgehenden 14. bzw. beginnenden 15. Jhs. Die Begleitfiguren, die heilige Maria und der heilige Johannes, sind im 17. Jh. entstanden.

Nach nur 60 Jahren wurde die Dominikaner-Niederlassung 1993 geschlossen und die Kirche säkularisiert. 1996 erwarb die syrisch-orthodoxe Kirche von Westfalen die Klosteranlage, die nunmehr Abtei ist.

Die christlichen Syrer sind ethnisch gesehen Aramäer. Als solche sind sie eine hauptsächlich in den Nahoststaaten lebende nationale, ethnische, sprachliche und religiöse Minderheit, die sich in viele Kirchen bzw. Konfessionen aufteilt. Die Syrer bzw. Aramäer haben also mit dem heute gebräuchlichen politischen oder geographischen Begriff Syrer bzw. Syrien nur wenig gemeinsam. Die syrisch-orthodoxe Kirche von

Kirchenraum nach der Renovierung

Antiochien gehört zu den ältesten christlichen Kirchen. Ihre Gründung wird auf den Apostel Petrus zurückgeführt. Der Sitz des Patriarchen ist heute in Damaskus. Nach einer Vereinbarung des Vatikans mit dem Patriarchen der syrischen Kirche vom 23. Juni 1984 bestehen zwischen der katholischen und der syrisch-orthodoxen Kirche nur noch geringe theologische Unterschiede. Die Vereinbarung sieht z. B. die Ausbildung der syrischen Theologen an den katholischen Fakultäten der Universitäten in Deutschland vor. Auch besteht unter gewissen Bedingungen Eucharistiegemeinschaft. Die Kirche ist seit 1960 Mitglied des Ökumenischen Rates der Kirchen. Nach ihrer Vertreibung aus ihren ursprünglichen Wirkungsgebieten im Nahen und Mittleren Osten, haben sich viele syrisch-orthodoxe Christen in Deutschland niedergelassen. Zur Zeit leben hier ca. 55.000 syrisch-orthodoxe Christen in 41 Gemeinden.

Breit angelegte Renovierungsarbeiten und Umbauten tragen den heutigen Bedürfnissen Rechnung und begründen das Kloster als syrisch-orthodoxes Zentrum in Westfalen, das von den Mitgliedern aller 41 syrisch-orthodoxen Gemeinden häufig besucht wird. Derzeit leben Jugendliche syrisch-orthodoxer Konfession im Kloster, die öffentliche Schulen in Warburg besuchen und zusätzlichen Unterricht in Theologie und der liturgischen aramäischen Sprache sowie in Philosophie erhalten. Zukünftig sollen auch syrisch-orthodoxe Nonnen in einem Flügel des Klosters untergebracht werden. Auf das offenkundig sehr große Interesse auch der anderen Konfessionen an der traditionsreichen syrisch-orthodoxen Kirche, die von Anfang an vom Mönchtum geprägt wurde, soll zukünftig mit entsprechenden Angeboten reagiert werden. Die Baumaßnahmen dienen unter anderem dazu, das dafür benötigte Raumangebot zu schaffen.

Begrüßung durch Bischof und A

Besuch aus anderen syrisch-orthodoxen Gemeinden

Geplant sind Konferenz- und Tagungsräume, in denen regelmäßig Vortrags- und Seminarveranstaltungen stattfinden sollen, sowie ein Dokumentationszentrum.

Das Kloster sieht sich in der Nachfolge der großen Klostertradition, die im vorderen Orient ihren Ausgang nahm. Ihre Spiritualität ist bis heute geprägt vom Gebet, dem Dialog und der unbedingten Glaubenstreue. Gemäß dem Prinzip der Gastfreundschaft sind Besucher, die sich über die Geschichte und die gelebte Religiosität der syrisch-orthodoxen Kirche informieren wollen, herzlich willkommen.

Walter Strümper/Oliver Brehm

Informationen und Auskünfte:

Klosterverwaltung St. Jakob von Sarug
Klosterstr. 10
34414 Warburg
Tel.: 0 56 41 / 74 05 64

Öffnungszeiten:

Der Friedhof des ehem. Dominikanerklosters und die Gartenanlage sind öffentlich zugänglich. Führungen durch das Kloster nach vorheriger Absprache täglich 9.00 - 18.00 Uhr.

Gottesdienste:

Nach Abschluss der Renovierungsarbeiten in der Kirche
(ab 02. Juli 2000):
Mi   17.00 Uhr (Vesper)
So   9.00 Uhr (Nachfrage empfiehlt sich)
Die syrisch-orthodoxe Kirche feiert die altsyrische Liturgie,
die sich der aramäischen Sprache, der Sprache Jesu, bedient.

Mutterhaus der Schwesterngemeinschaft "Serviam"

Haupt- und Ausbildungsgebäude

Die Schwesterngemeinschaft "Serviam" wurde 1922 als "Herz-Jesu-Institut" für Familienpflege und Seelsorgehilfe von Pastor Wilhelm Meyer in Unna-Königsborn gegründet. Im Jahre 1926 erwarb die wachsende Gemeinschaft das Anwesen "Haus Germete". Dort fand die Ausbildung der Mitglieder und anschließend die Entsendung in deutsche Großstädte, nach Holland und 1938 auch nach Brasilien statt. 1939 wurde die Gemeinschaft durch die Gestapo aufgelöst und die Schwestern vertrieben. Ihr Haus übernahmen die Waldbreitbacher Franziskanerinnen und richteten darin ein Alten- und Pflegeheim ein. 1946 kehrten die Germeter Schwestern zurück und führten zunächst das Altenheim weiter. Gleichzeitig nahmen sie wieder junge Menschen auf. Haus Germete wurde erneut Ausbildungsstätte und Mutterhaus. Als geistliches Zentrum dient es heute in erster Linie dem Leben der Gemeinschaft in Deutschland. Sie trifft sich hier zu Exerzitien, Vollversammlungen und Besinnungstagen. Ursprünglich 1858 als Gutshof gebaut, sind die Gebäude des Anwesens um einen Innenhof gruppiert. Im Zentrum steht das Hauptgebäude - das ehem. Wohnhaus des Gutsbesitzers. Ein verschieferter Anbau ist die Libori-Kapelle. Diese war früher der Wintergarten. Darunter befindet sich heute die Grabstätte des Gründers. In den Jahren von 1932 bis 1937 errichteten die Schwestern auf den Fundamenten der Scheune ihr Ausbildungshaus, das "Josefshaus". In diesem Gebäude befindet sich die von der Künstlerin Else Birks ausgemalte Herz-Jesu-Kapelle. Im Fachwerkgebäude, "Quellenhaus" genannt, waren früher die Stallungen. Heute befinden sich dort Wirtschafts- und Speiseräume. Zu Anfang des 20. Jhs. wurde ein kleiner Park angelegt, der

heute unter Naturschutz steht.

Gäste können Stille finden, gestalteten Urlaub erleben oder in geist-licher Atmosphäre einfach ausspannen.

Markus Moors

Informationen und Auskünfte:

Schwesterngemeinschaft "Serviam"
Quellenstr. 8
34414 Warburg-Germete
Tel.: 0 56 41 / 76 13 - 0
Fax: 0 56 41 / 76 13 - 42

Gottesdienste:

Libori-Kapelle:	täglich	8.00 Uhr (Laudes)
		19.30 Uhr (Vesper)
Herz-Jesu-Kapelle:	Fr	8.30 Uhr (hl. Messe)

Diakonissen-Kommunität "Zionsberg"

Über dem ehem. Hardehausener Klosterdorf Scherfede existiert die einzige ordensähnliche Gemeinschaft evangelischer Christen in den Kreisen Paderborn und Höxter: die Diakonissen-Kommunität "Zionsberg". Seit fast dreißig Jahren leben hier evangelische Frauen in dauernder, zölibatärer Gemeinschaft. Ähnlich wie

Gästehaus, Kapelle und Wirtschaftsgebäude

katholische Ordensbrüder und -schwestern geloben die Diakonissen nach einer Zeit des Noviziats, ihr Leben gemeinsam auf der verpflichtenden Grundlage der drei Evangelischen Räte (Armut, Ehelosigkeit, Gehorsam) führen zu wollen. Auch die evangelischen Schwestern von Scherfede tragen eine Tracht: einen grauen Habit und einen weißen Schleier. Im Mittelpunkt des geistlichen Lebens der Diakonissen stehen die sechs täglichen Gebetszeiten. Sie bestimmen den Rhythmus des Tagesablaufs und der Arbeit.

Die Scherfeder Diakonissen-Kommunität "Zionsberg" ist aus der diakonischen Arbeit für die evangelischen Flüchtlinge, die nach dem Zweiten Weltkrieg zahlreich in das Gebiet der Diasporasynode Paderborn kamen, hervorgegangen. 1950 trafen zwei Schwestern aus der westfälischen Diakonissenanstalt "Sarepta" in Bielefeld-Bethel im benachbarten Dorf Rimbeck ein. Von dort aus betreuten sie vor allem die evangelischen älteren Menschen und Kinder der Umgebung. Schwester Dore Schellenberg, die langjährige Priorin der Scherfeder Diakonissen, war zudem eine der ersten Vikarinnen im Kirchenkreis Paderborn. Einen wichtigen Schwerpunkt der Arbeit bildete auch die Vorbereitung junger Mädchen auf eine Ausbildung in Pflegeberufen im Rahmen einer eigenen Pflegevorschule. 1956 traten die ersten Frauen den Diakonissen aus Bethel bei. Daraufhin kam es 1958 im Rimbecker Altenheim "Haus Phöbe" zur Gründung eines eigenständigen "Diaspora-Diakonissen-Mutterhauses".

Zwei Jahre später zogen die Diakonissen mit ihrer Pflegevorschule und dem dazugehörigen Internat aus dem Altenheim aus und siedelten sich in dem neu errichteten Gebäude auf dem Scherfeder Kellberg an. Der Name "Zionsberg" ist auch ein Zeichen für das besondere Verbundensein des Hauses mit Israel. Im Laufe der sechziger Jahre ging die Zahl der Schülerinnen der Pflegevorschule stark zurück. Die Diakonissen mussten sich neu orientieren: Sollte man den inneren Zusammenhalt der Schwesterngemeinschaft zugunsten der diakonischen Arbeit auflösen oder sollte man sich im Gegenteil zu einer noch verbindlicheren Form des gemeinschaftlichen Lebens zusammenschließen? Nach einem Besuch der südfranzösischen Kommunität Pomeyrol im Jahre 1970 stand für die Scherfeder Diakonissen fest, dass für sie nur der gemeinsame Weg des "ora et labora" in Frage komme. So wurde ein Jahr später das "Diaspora-Diakonissen-Mutterhaus" in den Verein Diakonissen-Kommunität "Zionsberg" umgewandelt. Die Pflegevorschule schloss 1972 ihre Pforten. Nach einer kurzzeitigen Betreuung von Spätaussiedlern öffneten die Schwestern 1973 ihr Haus für Gäste, die Stille und geistliche Einkehr suchen. Die Einweihung einer neuen Kapelle konnte 1982 gefeiert werden. Im gleichen Jahr bildete sich ein Ring älterer Freunde der Diakonissen-Kommunität, die sich dem Haus in besonderer Weise verbunden fühlen. Ein Freundesring von jüngeren Gästen gesellte sich 1990 hinzu. 1992 konnte ein modernes Wirtschaftsgebäude fertiggestellt werden.

Auf der Basis des spirituellen Kerns ihrer Gemeinschaft bieten die Diakonissen Besuchern aller Altersgruppen die Möglichkeit, eine Zeitlang mit ihnen zu leben, zu arbeiten und sich Gott zuzuwenden. Zu den Angeboten der Kommunität gehören angeleitete Einkehrzeiten (Einzel- und Gruppenretraiten), stille Tage in der Karwoche, die Mitfeier der Liturgie am Ostermorgen, die gemeinsame Vorbereitung und Feier des Pfingstfestes, der vereinte Aufbruch in die Adventszeit sowie das gemeinschaftliche Erleben von Weihnachten und Neujahr. Besonders an junge Menschen wenden sich die Diakonissen mit dem Angebot, für eine ganze Woche am Leben der Kommunität teilzunehmen. Tatsächlich kommen Besucher von überall her, um hier in ökumenischer Atmosphäre äußerliche und innerliche Hilfe zur geistlichen und seelischen Erholung zu finden.

Markus Moors

Information und Auskünfte:

Diakonissen-Kommunität "Zionsberg"
Auf der Platte 53
34414 Warburg-Scherfede
Tel.: 0 56 42 / 53 33 • Fax: 0 56 42 / 94 81 17

Öffnungszeiten:

Führungen und Besichtigungen nach Vereinbarung.

Ehem. Benediktinerinnenkloster
heute: kath. Pfarrkirche und
Stiftung Europäischer Skulpturenpark e.V.

Ansicht des Klosterareals

In seiner Funktion als Kloster, später dann als Herrenhaus und Museum, hatte die Anlage, deren 850-jähriges Bestehen im Jahre 1999 gefeiert wurde, stets eine große Bedeutung für die Stadt Willebadessen und ihr Umland.

Das Benediktinerinnenkloster Willebadessen ist das letzte von den sieben Klöstern, die in der Diözese Paderborn in der Regierungszeit des der Reformidee gegenüber aufgeschlossenen Bischofs Bernhard I. von Oesede (1127 - 1160) errichtet wurden. Als 1149 der Paderborner Bischof bei dem Kirchlein das Benediktinerinnenkloster errichtete, war es vor allem der bischöfliche Ministeriale Lutold von Osdagessen, der sich mit einer Schenkung zu Gunsten des Klosters hervortat und seine sechs Töchter dort als Ordensfrauen unterbrachte. 1473 schloss sich das Kloster der Bursfelder Kongregation an, die eine Rückbesinnung auf die strenge Form benediktinischen Klosterlebens forderte. Mit der Einführung der Bursfelder Reform war auch eine religiöse und künstlerische Blütezeit verbunden, die ihren Niederschlag unter anderem in den baulichen Veränderungen und der neuen Ausstattung der Kirche fand.

In der Reformationszeit hielten die Ordensfrauen am katholischen Glauben fest. Der Dreißigjährige Krieg brachte mit dem Einfall der Hessen im Jahre 1634 auch über Willebadessen und sein Kloster Zerstörung und Leid. Die Äbtissin mußte zusammen mit dem Konvent fliehen. Nach fast 700-jährigem Bestehen kam das Ende für das Kloster in Willebadessen. Am 7. Juli 1810 wurde es durch die preußische Regierung aufgehoben. Zu diesem Zeitpunkt befanden sich neben der Äbtissin noch zwölf Chorschwestern und fünf Laienschwestern im Kloster. Sie erhielten eine Pension und lebenslanges Wohnrecht im Konventsgebäude.

Nach verschiedenen Besitzern gelangte das Kloster 1871 an die Familie von Wrede, nachdem die Klosterkirche schon 1830 zur Pfarrkirche von Willebadessen geworden war. Im Jahre 1977 wurden die Konvents- und Abteigebäude der "Stiftung Europäischer Skulpturenpark e.V." übertragen, die durch viel beachtete Ausstellungen Ende der 70er und in den

Innenansicht der Kirche

80er Jahren auch überregional bekannt wurde.

Aus dem dritten Viertel des 12. Jhs. stammen der Kirchenbau und der Ostflügel mit dem Kapitelsaal und der Gründerkapelle, die trotz späterer Veränderungen und Umbauten zusammen ein einzigartiges Ensemble romanischer Baukunst bilden. Die Kirche, ursprünglich als kreuzförmige, dreischiffige Pfeilerbasilika errichtet, ist mehrfach umgebaut worden. So wurde im Zuge der Barockisierung der Gesamtanlage das nördliche Seitenschiff abgebrochen, das südliche Seitenschiff vermauert und in die Klosteranlage mit einbezogen. Der ehem. Kapitelsaal, der südlich direkt an die Kirche anschließt, dient heute als Sakristei. In der südlich angrenzenden Gründerkapelle befand sich das Gemeinschaftsgrab des Stifters mit seiner Frau Imma und ihren sechs Töchtern. Die Ende des 19. Jhs. in ihrer Ostausdehnung stark verkürzte Kapelle ist zweischiffig angelegt. Zwei der ursprünglich fünf schlanken Säulen tragen nun das Kreuzgratgewölbe. Hier und in der Sakristei sind die kunstvoll gestalteten Kapitelle mit Palmettendekor aus dem dritten Viertel des 12. Jhs. besonders hervorzuheben. Der romanische Kreuzgang wurde zu Beginn des 18. Jhs. durch einen Neubau ersetzt.

Kostbarstes und ältestes Ausstattungsstück des Klosters ist der aus einem Eichenholzkasten bestehende, mit Silberblech verkleidete und

teilweise vergoldete Vitus-Schrein. Der kleine Tragaltar aus der Zeit um 1200 mit den Reliquien des Kirchenpatrons wird heute gut sichtbar in der Pfarrkirche St. Vitus aufbewahrt. Das Klosterareal konnte sein im 18. Jh. geprägtes bauliches Erscheinungsbild weitgehend unverändert bewahren. Ein fast vollständig erhaltener, teilweise doppelt geführter Mauerring umfasst den weitläufigen Klosterbezirk, der mit seinen Grünflächen heute als Kurpark und als Gelände des Skulpturenparks genutzt wird. Von der Stadtmitte aus gelangt man durch das Torhaus, dem Hauptzugang des Klosters, auf

Barockportal des ehem. Konventsgebäudes

dessen Gelände. Tritt man durch den Torbogen, sieht man zur Linken die Pfarrkirche und an diese anschließend das um einen quadratischen Innenhof gruppierte, ehemals vierflügelige Konventsgebäude. Der Südflügel wurde 1871 abgebrochen. Die Position des Konventsgebäudes südlich der Kirche, an Querhaus und Seitenschiff direkt anschließend, entspricht dem Idealplan einer benediktinischen Klosteranlage. Die barocken Um- und Neubaumaßnahmen des Konventsgebäudes begannen kurz vor 1700 im Kreuzgang und fanden mit der Fertigstellung des Westflügels, dem Gästetrakt, 1713 ihren vorläufigen Abschluss. 1744 baute man dann an der Südwestecke des Konventsgebäudes die giebelständig nach Norden ausgerichtete Abtei an. Über den Platz vor dem Konventsgebäude

Kunst im Skulpturenpa

verläuft auch heute noch die Hauptwegachse des Klosterbezirks auf den barocken Torbogen im Süden zu. Entlang dieser Achse, auf ihrer rechten, westlichen Seite sind in lockerer giebelständiger Abfolge die Scheunen und Wirtschaftsgebäude des Klosters aufgereiht: gleich hinter dem Torhaus die Schmiede von 1688 (heute Haus des Gastes), dann die Ackerscheune von 1738 (heute Seminargebäude der Auslandsgesellschaft NRW). Hat man nahezu den südlichen Torbogen erreicht, befindet sich links des Hauptweges die barocke Einfriedung des ehem. Äbtissinnengartens, der im Osten an ein 1748 errichtetes ehem. Stallgebäude des Klosters angrenzt. Von hier aus ist zu erkennen, dass der Innenhof des Konventsgebäudes nicht mehr seine einstige Geschlossenheit besitzt.

Oliver Brehm

Informationen und Auskünfte:

Katholische Pfarrgemeinde St. Vitus
Klosterstr. 33
34439 Willebadessen
Tel.: 0 56 46 / 6 63

Stiftung Europäischer Skulpturenpark e.V.
Klosterhof 2
34439 Willebadessen Schloß
Tel.: 0 56 46 / 7 77
Fax: 0 56 46 / 94 20 77
E-mail: euroskulpa@t-online.de

Auslandsgesellschaft Nordrhein-Westfalen Dortmund e.V.
Internationale Bildungsstätte Willebadessen
Tagungszentrum Ackerscheune
Alter Markt 5
34439 Willebadessen
Tel.: 0 56 46 / 9 81 - 0
Fax: 0 56 46 / 9 81 - 2 99
Internet: http://www.auslandsgesellschaft.org

Öffnungszeiten:

Das Klosterareal ist ganztägig frei zugänglich. Die
Konventsgebäude mit dem westlichen Kreuzgang sind während
der Öffnungszeiten von Ausstellungen und nach tel. Absprache
zu besichtigen.
Kirche: täglich 9.00 - 18.00 Uhr

Gottesdienste:

Di u. Mi	18.00 Uhr
Fr	8.30 Uhr (hl. Messe)
Sa	18.00 Uhr (Vorabendmesse)
So	10.15 Uhr (Hochamt)

Die mit der Klostergründung einsetzende Verehrung des Hl. Vitus
hat sich bis in die heutige Zeit fortgesetzt und findet in der
alljährlichen Vitusprozession der Pfarrgemeinde am Sonntag
nach dem 15. Juni ihren Höhepunkt.

Christliches Bildungswerk "Die Hegge"

Kreuzförmiger Gebäudekomplex

Aufgrund von Erfahrungen aus der Zeit der NS-Diktatur fand sich nach dem Zweiten Weltkrieg ein kleiner Kreis von jungen Frauen zusammen, die sich zum Ziel gesetzt hatten, eine neue Form christlicher Bildungsarbeit zu schaffen. Nach dem alten Flurnamen nannten sie sich "Hegge-Gemeinschaft". Unter der Leitung von Prof. Dr. Theoderich Kampmann schufen sie 1945 das Christliche Bildungswerk "Die Hegge". Als benediktinisch geprägte Kommunität sieht sich die Gemeinschaft in die hiesige Klosterregion eingebunden. Sie knüpft bewusst sowohl an das benediktinische Erbe im Hochstift Paderborn als auch an die Wirksamkeit der Kanonissen in Neuenheerse an.

Das Programmangebot umfasst Tagungen, Seminare und Bildungswochen zu grundsätzlichen und aktuellen Fragen aus den Bereichen Religion, Kultur, Recht und Politik. Im Sinne der Zielsetzung der "Hegge" geht es weniger um Wissensbereicherung als um eine "Vertiefung von Einsichten und eine Neubegründung des Glaubens". Die Teilnehmer der Veranstaltungen begegnen sich in Vorträgen, Gesprächskreisen und in der Feier des gemeinsamen Gottesdienstes.

Mit Ausnahme des Wohnbereichs der Heggefrauen sind den Gästen alle Räumlichkeiten des Hauses und die Außenanlagen zugänglich.

Auf einer Anhöhe des Warburger Landes gelegen, bietet das 8 ha große Areal mit seinen Gärten, Wiesen und Waldbeständen eine Oase der Ruhe und Erholung.

Peter Möhring

Informationen und Auskünfte:

Christliches Bildungswerk "Die Hegge"
34439 Willebadessen-Niesen
Tel.: 0 56 44 / 4 00 oder 7 00 • Fax: 0 56 44 / 85 19

Gottesdienste:

Hegge-Kapelle: in der Regel So 8.30 Uhr

② Wormeln, Stadt Warburg

Ehem. Zisterzienserinnenkloster
heute: kath. Pfarrkirche und Privatbesitz

Kirche und Südflügel des ehem. Klosters

1246 stifteten die Grafen von Everstein in Wormeln ein Frauenkloster, dem sie die am Ort bereits bestehende Kirche übertrugen. Die Nonnen befolgten die Zisterzienserstatuten, ohne rechtlich in den Orden inkorporiert zu sein. 1315 wurde die neue Klosterkirche geweiht. Sie diente dem Konvent und der Pfarrei als Gotteshaus. Besonders vermögend ist das Kloster nie gewesen. Um die Einkommenslage zu verbessern, gestattete 1317 Papst Johannes XXII. den Nonnen sogar die Annahme von Privaterbschaften. Im 15. Jh. verarmte das Kloster so sehr, dass seine Existenz gefährdet war. Eine Reform wendete 1505 das drohende Verhängnis ab. Als ein Vorteil erwies sich der gleichzeitige Wechsel der Bistumszugehörigkeit von Mainz nach Paderborn: das Kloster und der Ort blieben dadurch katholisch.

Im Dreißigjährigen Krieg ging Wormeln in Flammen auf, wodurch Kirche und Klostergebäude schwer beschädigt wurden. Die Wiederherstellung beschränkte sich zunächst auf eine Beseitigung der größten Schäden. In der zweiten Hälfte des 17. Jhs. erhielt die Kirche ihre heutige Ausstattung. Ein Neubau der Konventsgebäude erfolgte um die Wende zum 18. Jh. Während des Siebenjährigen Krieges musste sich das Kloster hoch verschulden, um die Kontributionszahlungen leisten zu können. Wegen der Zehntforderungen kam es in den Folgejahren zu einer Revolte der klosterhörigen Bauern. Von der Säkularisation zunächst verschont, wurde das Kloster 1810 von der Regierung des Königreichs Westphalen in Kassel aufgehoben. Die Kirche wurde Eigentum der katholischen Pfarrgemeinde, die Klostergebäude gingen in Privatbesitz über.

Die ehem. Klosterkirche St. Simon und Juda hat ihre gotische Baugestalt über die Jahrhunderte hin bewahrt. Sie zeigt sich in ihrer ganzen Schönheit unverstellt auf der zugänglichen Südseite. Außen wie innen lässt sie die typischen Merkmale einer Zisterzienserinnenkirche erkennen: Der Verzicht auf eine aufwendige Architektur bestimmte die Formgebung. Der Kirchenraum besteht aus einem einschiffigen, langgestreckten Saalbau. Außen bilden die schlanken Maßwerkfenster, Strebepfeiler und das profilierte Portal den einzigen Schmuck; im Innern überspannen Kreuzrippengewölbe den Raum, in den die Nonnenempore von Westen

her hineinragt. Die darunterliegende Krypta öffnet sich mit einer Doppel-
arkade zum Schiff hin.

Mit der Schlichtheit des Raumes kontrastiert eine reiche barocke Ausstattung. Neben dem Hochaltar und der Orgel ist vor allem der Nonnenchor
zu nennen. Hier sind der Rokoko-Altar auf der Rückseite des Orgelgehäu-
ses mit einer Madonnenstatue und das Chorgestühl besonders sehenswert. Mit 16 Sitzen füllt es die ganze Empore aus. Die Rückwände
schmücken Ornamente und weiße Flachreliefs auf hellblauem Grund.

Trotz herber Verluste in der Zeit seit der Säkularisation vereinigt der
Kirchenraum immer noch zahlreiche Kunstwerke verschiedener Epochen.
Von der berühmten Wormelner Marientafel (um 1350) gibt ein Großfoto
nur eine annähernde Vorstellung. Das Original befindet sich im Bode-
Museum in Berlin. Das älteste Werk in der Kirche ist ein romanischer Tauf-
stein mit figürlichen Darstellungen unbekannter Herkunft (um 1250). Der
späten Gotik gehören ein Triumphkreuz (1450), eine Madonna im
Strahlenkranz (1525) sowie Reste von Gewölbe- und Wandmalereien in
der Krypta an; die ausdrucksstarke Pietà ist eine Arbeit des Barock. Andere
Kostbarkeiten wie ein gotisches Astkreuz (1480) und eine Sonnenmon-
stranz (1749) birgt die Sakristei. Insgesamt gesehen erschließt sich die
Kirche als eine Schatzkammer sakraler Kunst.

Die Klostergebäude liegen auf der Nordseite der Kirche. Von der ursprünglichen Anlage sind drei Flügel mit dem Kreuzgang in stark reno-
vierungsbedürftigem Zustand erhalten.

An religiösem Brauchtum werden besonders die Waldprozession am
Sonntag nach Fronleichnam und das Patronatsfest St. Simon und Juda
am 28. Oktober bzw. am Sonntag darauf gepflegt.

Peter Möhring

Informationen und Auskünfte:

Katholisches Pfarramt St. Marien
Joseph-Kohlschein-Straße 9
34414 Warburg
Tel.: 0 56 41 / 23 01
Fax: 0 56 41 / 17 18
E-mail: st.marien-warburg@t-online.de

Öffnungszeiten:

Die Klosteranlage selbst ist nur von außen zu besichtigen.
Besichtigung der Kirche nach Vereinbarung.

Gottesdienste:

Di 8.30 Uhr, Mi 19.00 Uhr ; Sonn- und Feiertage 9.30 Uhr

③ Altenbeken-Buke

Kloster St. Andreas
Ostkirchliches Zentrum der Gemeinschaft der Basilianerinnen vom Heiligsten Erlöser

Kloster St. Andreas

Das von außen recht unscheinbar wirkende Haus in Altenbeken-Buke beherbergt heute das ostkirchliche Zentrum der Gemeinschaft der Basilianerinnen vom Heiligsten Erlöser. Basilianer nannte man im lateinischen Mittelalter irrtümlich alle Mönche des griechischen Ritus (Ostkirchen).

Neuere Ordensgemeinschaften unter dem Namen Basilianer in mit Rom unierten Ostkirchen verbinden geistliches Leben mit seelsorgerischer Tätigkeit. Eine Gruppe voneinander unabhängiger orthodoxer Kirchen hat sich im Laufe der Jahrhunderte der lateinisch-römischen Kirche des Westens wieder angeschlossen. Zu diesen gehört auch die melkitisch griechisch-katholische Kirche, der die Schwesterngemeinschaft des Klosters St. Andreas angehört. Sie ist, wie andere Ostkirchen auch, mit dem Apostolischen Stuhl in Rom verbunden und Teil der katholischen Kirche.

Die Ursprünge der Kongregation reichen in das Jahr 1733 zurück, als eine Gruppe melkitischer Nonnen aus dem Kloster Unserer Lieben Frau von Sednaya, einem bekannten Marienheiligtum in Syrien, in den Südlibanon fliehen musste. Nach den politischen Unruhen, die den Libanon im 19. Jh. heimsuchten und die ihren Höhepunkt in den Jahren 1841 und 1860 erreichten, begann man in den Schwesterngemeinschaften darüber nachzudenken, ob nicht eine Umgestaltung der Lebensweise ihren Dienst für die Kirche wirksamer machen könnte. Der damalige Sekretär der Kongregation für die Ostkirchen, Kardinal Eugène Tisserant, erteilte im Namen von Papst Pius XII. der Gemeinschaft den

Titel einer "missionarischen Kongregation". Nach 1939 gab es sowohl Schwestern in strenger Klausur als auch aktive Schwesterngemeinschaften innerhalb der Kongregation. Nach und nach verringerte sich die Zahl der Nonnen. Heute gehören alle Schwestern dem "aktiven" Zweig an. Zeitweise unterhielt die Kongregation 20 Niederlassungen unter anderem in Syrien, Jordanien und im Libanon. Die besondere politische Situation im Libanon brachte es mit sich, dass nicht nur das Mutterhaus in der Nähe der

Ikonostase der Klosterkape[lle]

Hafenstadt Sidon aufgegeben bzw. verlegt werden musste, sondern auch viele von den Schwestern betreute Einrichtungen wie Schulen und Kinderheime. So kamen im Winter 1987 drei Basilianerinnen aus dem Libanon, die dort alles verloren hatten, nach Altenbeken-Buke, um im Haus St. Andreas einen neuen Anfang zu wagen.

Das Haus selbst wurde bereits von1946 bis 1949 von ukrainischen Mönchen bewohnt, die eine erste byzantinische Kapelle eingerichtet hatten. Nach ihrem Fortgang wurde das Haus von Studitinnen-Schwestern zu einer Gebetsstätte um- und ausgebaut. Die Gründung des Trägervereins St. Andreas erfolgte im Jahr 1964 mit dem Ziel, nicht nur die wirtschaftliche Existenz der Schwestern zu sichern, sondern auch die kirchliche Einheit zu fördern und soziale Aufgaben wahrzunehmen.

Einzelgäste und Gruppen, die eine ostkirchliche Ordensgemeinschaft kennenlernen oder sich über die Ostkirchen informieren wollen, sind jederzeit herzlich willkommen. Sie können sich für einen Informationstag, für eine Tagung über die Liturgie und Spiritualität des christlichen Ostens oder für Einkehrtage mit eigenem Programm anmelden oder einfach nur die Stille des Klosters in der schönen Umgebung des Eggegebirges genießen. Die hauseigene Verlags- und Versandbuchhandlung vertreibt Bücher und Tonträger, die über die Ostkirche informieren und der kirchlichen Einigung dienen sollen.

Oliver Brehm

Informationen und Auskünfte:

Kloster St. Andreas
Hüttenstr. 126
33184 Altenbeken-Buke
Tel.: 0 52 55 / 4 61

Öffnungszeiten:

Das Gästehaus ist ganzjährig geöffnet.

Gottesdienste:

täglich 7.00 Uhr (Laudes) u. 18.30 Uhr (Vesper); Sa 17.00 Uhr (Eucharistiefeier). Die Gottesdienste im byzantinischen Ritus werden auch in deutscher Sprache abgehalten.

4 Böddeken, Büren-Wewelsburg

Ehem. *Kanonissenstift,*
seit 1409 Augustiner-Chorherren-Kloster
heute: Gut Böddeken

Blick über das ehem. Klosterareal von Nordosten

Die Gründung des Klosters Böddeken geht zurück auf eine Stiftung des Paderborner Archidiakons Meinolf aus dem Jahre 836. Anlässlich der Überführung der Reliquien des hl. Liborius von Le Mans nach Paderborn übertrug er sein Erbe dem späteren Diözesanpatron und gelobte den Bau eines Frauenklosters in "Bodicon".

Nach der Legende errichtete er das Kloster an einer Stelle, die ihm ein Hirsch mit einem Kreuz im Geweih gezeigt hatte. In das Kloster zogen Kanonissen ein. Der Stifter fand 847 in der Kirche seine Ruhestätte. Ein großes Ereignis in der Geschichte des Klosters war 896 die Erhebung der Gebeine Meinolfs, der später heilig gesprochen wurde. Das Stiftssiegel des 12. Jhs. zeigt sein Bildnis und ein Kirchenmodell, das wohl die romanische Basilika darstellt, deren Fertigstellung für 1139/40 bezeugt ist. Von ihr haben sich einige Reste in der heutigen Ruine erhalten. Eine Brandkatastrophe führte am Ende des 14. Jhs. zur Aufgabe des Damenstifts, das im Hochmittelalter auch einige Kanoniker beherbergt hatte.

1409 übernahmen Augustiner-Chorherren aus dem Kloster Bethlehem in Zwolle das ehem. Damenstift. Sie erwiesen sich als echte Reformkanoniker und erfolgreiche Ökonomen. Die wirtschaftliche Stabilität erlaubte ihnen eine umfangreiche Bautätigkeit, in deren Verlauf Kirche und Kloster wiederhergestellt wurden. Die romanische Apsis wurde 1475 - 1485 durch einen hohen gotischen Chor ersetzt. Seit 1430 war der Konvent Mitglied der Windesheimer Kongregation, in der er schon bald eine führende Stellung erlangte. Während des 15. Jhs. wurden allein von Böddeken aus 26 Klöster neu gegründet oder reformiert.

Im Kloster entfaltete sich in dieser Zeit eine rege geistliche und wissenschaftliche Tätigkeit. Mehrere Chorherren machten sich als Verfasser hagiographischer, historischer und theologischer Schriften einen Namen. In den Kongregationsverband eingebunden, überstand Böddeken die Reformation und den Dreißigjährigen Krieg. 1737 beseitigte die Große Reform Missstände in der Ordensdisziplin und in der Wirtschaftsführung. Im Jahr 1744 erhielt die Kirche eine neue Orgel, für deren Bau der im westfälischen Raum weithin bekannte Lippstädter Meister Johann Patroklus Möller gewonnen wurde. Sie steht heute in der Bürener Pfarrkirche St. Nikolaus.

Die Säkularisation brachte 1803 das Ende des Klosters. Das Klostergut wurde zunächst als Staatsdomäne bewirtschaftet, 1822 dann verkauft und gelangte daraufhin in den Besitz der Herren von Mallinckrodt.

In das ehem. Klostergelände führt ein mächtiges Torhaus von 1487 mit einer Inschrift über der Einfahrt. Ein Marienbrunnen schmückt den Hof. Die dahinter sichtbare ehem. Klosterkirche wurde 1805/06 zum größten Teil abgebrochen. Von ihr stehen noch der wuchtige Westturm, Mauerreste des Mittelschiffs und Teile des Chores. Im Obergeschoss des Turmes befindet sich eine von Detmar von Mallinckrodt um 1830 eingerichtete Hauskapelle. Sie bewahrt als kostbares Erbe einen alten Meinolfusschrein aus der Zeit um 1225.

Die früheren Klostergebäude sind in ihrer wesentlichen Bausubstanz weitgehend erhalten geblieben. Sie schlossen sich mit drei Flügeln südlich an die Kirche an. Infolge des Abbruchs des Langhauses ist der Kreuzganghof zu dieser Seite hin heute offen. Von besonderem Interesse ist der Ostflügel mit dem Kreuzgang und dem Kapitelsaal. Als einzigartig auf westfälischem Boden gilt der Bibliothekssaal im

Ehem. Klosterbibliot[

Obergeschoss. Er enthält Wandmalereien aus dem 15. Jh. mit Darstellungen, die sich auf die damals vorhandenen Bücher beziehen. Der Westflügel wird von der Eigentümerfamilie bewohnt. Dort zeugt ein Wandgemälde, das dem Niederländer Arnt Godevaertsoen zugeschrieben wird, von der ehemals reichen Ausmalung der Innenräume. Ein Teil der Gebäude wird heute als Internat genutzt.

Südlich und westlich vom Wohnbereich erstreckt sich der Wirtschaftshof mit Gebäuden aus der Klosterzeit. Etwa 1 km vom Gutshof entfernt steht bei der Meinolfuslinde eine dem Heiligen geweihte Kapelle aus dem Jahre 1856.

Peter Möhring

Informationen und Auskünfte:

Gutsverwaltung von Mallinckrodt
Gut Böddeken 1
33142 Büren
Tel.: 0 29 55 / 61 52

Öffnungszeiten:

Die Klosteranlage ist ganzjährig von außen zugänglich.

Ehem. Jesuitenkolleg
heute: kath. Kirche und Mauritiusgymnasium

Gesamtansicht von Kirche und Kolleg

Moritz von Büren, geboren am 12. Februar 1604, der letzte der Edelherren von Büren und Ringelstein, Präsident am Reichskammergericht in Speyer, errichtete am 21. April 1640 sein Testament. Den größten Teil seines beträchtlichen Vermögens vermachte er dem Jesuitenorden. Im Testament wurde die Gesellschaft Jesu verpflichtet, das Haus Büren zu einer Niederlassung des Ordens auszubauen und eine schöne Kirche zu errichten und zu unterhalten. Moritz von Büren, dessen sehnlichster Wunsch mit der Aufnahme in den Jesuitenorden im Jahre 1644 in Erfüllung gegangen war, starb am 7. November 1661. Da von verschiedenen Seiten Ansprüche geltend gemacht wurden, entstanden heftige Streitigkeiten um das Erbe. Die Auseinandersetzungen konnten erst 1714 durch einen Vergleichsvertrag zwischen dem Fürstbischof von Paderborn, Franz Arnold von Wolff-Metternich, und der Gesellschaft Jesu beigelegt werden.

Die Jesuiten entschieden, den Bau der Niederlassung und der Kirche auf dem Gelände des alten Hauses Büren zu verwirklichen - nach Entwürfen des erfahrenen Baumeisters Gottfried Laurenz Pictorius, der sich gegen den jungen Johann Conrad Schlaun hatte durchsetzen können. Fürstbischof Franz Arnold legte am 30. Juni 1717 den Grundstein zum Bau der Dreiflügelanlage, in deren Südflügel die Kirche vorgesehen war. Nach der Entscheidung der Ordensführung, die Residenz in Büren in ein Scholastikat, ein Kolleg zum Studium der theologischen Wissenschaften, umzuwandeln, wurde ab 1724 der südliche Flügel entgegen der ursprünglichen Planung als Wohntrakt errichtet. Der Bau der Anlage war im Februar 1728, als die Residenz zum Kolleg erhoben wurde, weitgehend abgeschlossen.

Anfang der fünfziger Jahre des 18. Jhs. beschlossen die Jesuiten, den mehrmals verschobenen Bau der Kirche zu verwirklichen. Es lag nahe, die Kirche in Verlängerung der Hauptachse der Dreiflügelanlage im östlich gelegenen Garten des Kollegs zu errichten. Die Jesuiten wollten jedoch auf den großen Garten nicht verzichten und entschieden, die Kollegkirche südlich des Südflügels errichten zu lassen. Die Pläne erarbeitete Johann Heinrich Roth, Baumeister des Kölner Kurfürsten

Clemens August, die Bauleitung übernahm der Paderborner Baumeister Franz Christoph Nagel. Die Bauarbeiten begannen 1754. Als die Gesellschaft Jesu 1773 von Papst Clemens XIV. aufgehoben wurde, war der Bau vollendet. Die Exjesuitenkommission sorgte für die Fertigstellung des Hochaltars und die Anschaffung der für den Gottesdienst unbedingt notwendigen Ausstattungsstücke.

Nach der Aufhebung des Jesuitenordens wurde das Kolleggebäude vorübergehend als Korrektur- und Heilanstalt für Priester, als Landgericht und Amtsgericht, als landrätliche Behörde und öffentliche Kasse genutzt; es war auch Zufluchtsstätte für französische Emigranten. Teile des Gebäudes waren als Wohnungen vermietet. 1803 dachte man sogar daran, das alte Kolleg in eine Fabrik umzubauen. Der Bestand der Anlage wurde 1825 durch die Eröffnung des Katholischen Schullehrerseminars gesichert. Nach der Auflösung dieser Ausbildungsstätte im Jahre 1925 stand das Gebäude der wenige Jahre zuvor gegründeten Mauritiusschule zur Verfügung. Seit dem 1. März 1946 ist im ehem. Jesuitenkolleg das Private Mauritiusgymnasium untergebracht.

Das ehem. Kolleg der Jesuiten öffnet sich als stattliche dreigeschossige Dreiflügelanlage nach Osten zum Ort hin. Die im Mittelteil des Hauptflügels durch Mittelrisalite - dreiachsig im Osten, fünfachsig im Westen - unterbrochene schlichte Wandgestaltung aus

Ehem. Kolleggebäude mit Innenhof

Sandstein wird auch an den Stirnseiten der beiden Flügel zugunsten einer reicheren Wandgliederung aufgegeben. Beachtenswert sind die Eingänge in die Seitenflügel. Die Umwidmung des Südflügels zum Wohntrakt erfolgte erst nach der Fertigstellung des Nordflügels, offenbar zu spät für eine Neugestaltung der Eingänge. Aus Gründen der Symmetrie musste der Eingang in die Kirche mit dem Eingang in das Kolleg übereinstimmen. Ein der Kirche angemessenes Portal musste auch als Eingang in das Kolleg verwendet werden können, ohne diesem eine unangemessene Bedeutung zu verleihen. Die rundbogigen Portale sind durch voll ausgebildete, in die Wand eingestellte Säulen mit korinthischen Kapitellen ausgezeichnet.

Den Grundriss der Kirche Maria Immaculata bildet ein nach Westen orientiertes griechisches Kreuz; Ostarm und Westarm sind etwas länger als die beiden Querarme. In die Winkel der Kreuzarme sind zweijochige Seitenschiffe eingesetzt, die den Grundriss zu einem Rechteck ergänzen. An den Chor schließt ein quadratischer Turm an, flankiert von Sakristeiräumen. Die Fassade wird durch einen dreiachsigen Mittelteil

Ehem. Jesuitenkirche Maria Immaculata

bestimmt. Das Wandfeld in der Mittelachse wird von einem Rundbogenfenster ausgefüllt. In den beiden Seitenfeldern finden sich Nischen mit den Statuen der hll. Ignatius und Franz Xaver. Über dem Hauptgeschoss liegt eine durch Pilaster dreiteilig gegliederte Attikazone. Im Mittelfeld findet sich das Wappen des Hauses Büren, darüber eine Krone. Den oberen Abschluss bildet ein Gesims mit Architrav, Fries und Balustrade mit Statuen der hll. Aloysius und Stanislaus. Die Figur der Maria Immaculata krönt die Fassade. Die Bildhauerarbeiten an der Fassade, deren endgültige Gestaltung von Franz Christoph Nagel stammt, wurden von 1755 bis 1758 durch Johann Theodor Axer und Johann Jacob Pütt ausgeführt.

Der Innenraum wird durch die den Pfeilern vorgelegte Pilasterordnung mit dem den gesamten Raum zusammenfassenden Gebälk bestimmt. Pilasterordnung und Hauptgesims verleihen dem Raum ein hohes Maß an Geschlossenheit und Einheitlichkeit, wobei die Einbindung der Altarwand des Hochaltars in das strenge architektonische System diesen Eindruck noch verstärkt. Ergänzung und Vollendung erfährt der Raum durch die Ausmalung und die Stuckdekoration. Die Ausmalung ist der Verherrlichung der Maria Immaculata gewidmet. Joseph Gregor Winck hat in den Jahren 1761 bis 1765 ein umfangreiches Programm in eine Malerei umgesetzt, die sich vor allem durch Sicherheit in der Zeichnung, Lebendigkeit der Erzählung und gute Darstellung der Perspektive auszeichnet. Die Stuckarbeiten führten ab 1767 Bernhard und Johann Nepomuk Metz aus. Die dekorative Arbeit ordnet sich mit Zurückhaltung der architektonischen Gliederung des Raums unter. Bei der Umsetzung des anspruchs-

Blick zum Hoch...

vollen ikonographischen Programms schufen die Brüder Metz Stuckarbeiten von höchster Qualität. Der Hochaltar besteht aus einem wandfesten Retabel in Stuck und einem frei vorgestellten Stipes mit Drehtabernakel und Figurenschmuck. Die Engel auf den Giebelsegmenten sind wohl Arbeiten des Bildhauers Joseph Stratmann, der bildhauerische Schmuck des Altartisches und des Tabernakels stammt nachweislich von dem Bürener Bildhauer Johann Leonhard Falter. Anton Stratmann, ein Paderborner Maler, schuf die beiden Altarbilder. Das Hauptbild zeigt die gen Himmel fahrende Maria Immaculata, umgeben von vier Heiligen aus der Gesellschaft Jesu. Das Gemälde im Auszug zeigt Gottvater und Christus, die auffahrende Immaculata erwartend.

Siegfried Rudigkeit

Informationen und Auskünfte:

Verkehrsamt der Stadt Büren
Königstr. 16
33142 Büren
Tel.: 0 29 51 / 97 01 71
Fax: 0 29 51 / 97 01 72
E-mail: verkehrsamt@bueren.de

Katholisches Pfarramt St. Nikolaus
Königstr. 19
33142 Büren
Tel.: 0 29 51 / 9 11 93

Öffnungszeiten:

Die Außenanlagen sind jederzeit zugänglich.
Kirche: ganzjährig
　　　　　Di - Do　10.00 - 17.00 Uhr
　　　　　Fr - So　12.00 - 17.00 Uhr

Gottesdienste:

So 18.00 Uhr;
in der Schulzeit auch Do 8.40 Uhr

Ehem. **Augustinerinnenkloster,**
seit 1429 Augustiner-Chorherren-Kloster
heute: Teileröffnung als Museumsstandort des
Landschaftsverbandes Westfalen-Lippe

Mit seinen Anfängen gehört Kloster Dalheim zu der relativ großen Zahl von Klostergründungen des 12. und auch frühen 13. Jhs. im Bistum Paderborn. Zwar ist das älteste erhaltene schriftliche Zeugnis eine Urkunde aus dem Jahre 1264, die Archäologen aber konnten zeigen, dass der Frauenkonvent, der nach der Regel des hl. Augustinus lebte, damals schon ca.

Blick über das Klosterareal

100 Jahre bestanden haben muss: er war bei der älteren Pfarrkirche des Ortes Dalheim gegründet worden. Das kleine Kloster, das die Nonnen bewohnten, ist noch nicht archäologisch untersucht. Es ist in Ansätzen auf der Südseite der Kirche nachgewiesen, auf deren Nordseite sich der Friedhof erstreckte. Die ergrabenen Reste der einschiffigen Kirche mit der runden Apsis und dem Unterbau des Westturms sind offen gehalten und zu besichtigen.

In der Krise der zweiten Hälfte des 14. Jhs., die durch Pest, ausuferndes Fehdewesen und den Wüstungsprozess ausgelöst und begleitet wurde, verließen die Ordensfrauen ihr Kloster - wohl nach einem letzten Überfall im Jahre 1369. Entscheidend aber war, dass mit der Entvölkerung des Sintfeldes Höfe und Dörfer aufgegeben wurden, wüst fielen und somit das Kloster seine Einkünfte, d. h. seine Existenzgrundlage verloren hatte: Auf dem Sintfeld war um 1400 von früher 41 Orten nur noch die Stadt Wünnenberg bewohnt!

Die Wiederbelebung Dalheims begann im Jahre 1429, als die Augustiner-Chorherren, die seit 1409 durch Rodungs- und Besiedlungsmaßnahmen in und um Böddeken überaus erfolgreich waren, auch Dalheim übernahmen. Das ruinöse Nonnenkloster wurde notdürftig hergestellt und eingerichtet; Dalheim wurde aber zunächst nicht als Kloster, sondern als Grangie, als Wirtschaftsbetrieb, geführt. Seine Gutswirtschaft und Grundherrschaft wurden neu auf- und ausgebaut. Erst 1452 wurde Dalheim selbständiges Kloster der Augustiner-Chorherren.

Der aufstrebende, auch wirtschaftlich erfolgreiche Konvent baute von

Klosterkirche von Nordosten

1460 bis 1470 die heute noch stehende Saalkirche mit den im Süden anschließenden zweigeschossigen Klausurgebäuden auf der Geländekante oberhalb des Piepenbach-Tales. Bewusst hatten die Mönche den engeren Talgrund verlassen; sie sahen das neue Gotteshaus als 'Stadt Gottes' "auf dem Gipfel des Berges".

Wir wissen nicht, wie sich die Reformation im 16. Jh. auf Dalheim auswirkte, ob z. B. - wie in Böddeken - Mönche in größerer Zahl die Klostergemeinschaft verließen. Die geistige Kraft und innere Zucht aber scheinen nachgelassen zu haben, denn 1619 wird Dalheim als zwar immer noch reiches, jedoch vernachlässigtes Kloster bezeichnet. Wir wissen von Verlusten und Zerstörungen im Dreißigjährigen Krieg (1618 - 1648) und dem anschließenden wirtschaftlichen Aufschwung. Ihm verdankt die Klosteranlage eine tiefgreifende bauliche Umgestaltung, die ihr Aussehen bis heute prägt. Unter dem Prior Bartholdus Schonlau (1708 - 1730) wurde im ersten Drittel des 18. Jhs. das Klausurgebäude nach Westen mit zwei Flügeln erweitert, so dass ein dreiseitig geschlossener 'Ehrenhof' entstand, der von der hohen barocken Westfassade der Klausur dominiert wird. Die früher hangparallel errichteten Wirtschaftsgebäude nördlich der Kirche wurden ersetzt durch ein weites Geviert von Scheunen und Ställen. Eine Gartenanlage im französischen Stil umschloss und krönte das Ganze auf der West- und Südseite und machte Dalheim zu einem der schönsten Klöster im Paderborner Land.

Bald schon ging die Klosterherrlichkeit allerdings zu Ende. Mit dem Übergang des Hochstifts Paderborn an den preußischen Staat wurde Dalheim wie die meisten Klöster des Bistums aufgehoben, säkularisiert (21. Februar 1803). Kloster Dalheim richtete man als Staatsdomäne ein, d. h. auch die Kirche und die Klostergebäude wurden zu Lagerräumen und Ställen umgebaut.

Die heute berühmte Möller-Orgel kam nach Borgentreich. Zerstörungen und Substanzverlust blieben dabei und in der Folge nicht aus. Einem Brand im Jahre 1838 fielen z.B. die Obergeschosse von Ost- und Südflügel der älteren Klausur zum Opfer. Trotzdem blieb - auch dank der Umsicht und des historischen Interesses der Domänenpächter - der größte Teil der Substanz erhalten. Sie wird seit mehr als 30 Jahren nach Maßgabe der Denkmalpflege gesichert und restauriert - nicht zuletzt

seit 1979, als der Landschaftsverband Westfalen-Lippe die
Klosteranlage erwarb.

Wer heute Dalheim besucht,
ist wieder fasziniert vom
ästhetischen Reiz der weiten
Anlage. Obschon die Baumaßnahmen und eine museale
Nutzung und Erschließung
noch längst nicht abgeschlossen sind, können die spätgotische Kirche mit dem Kreuzgang, die Mühle und die
Schmiede besichtigt werden.
Dalheim zeigt ständig Ab-
güsse gefährdeter Stein-

Nordkreuzg

skulptur. Es ist Ort für Wechselausstellungen, für Musik- und Theater-
veranstaltungen - vor allem des sog. "Dalheimer Sommers".

Manfred Balzer

Informationen und Auskünfte:

Landschaftsverband Westfalen-Lippe
Am Kloster 11
33165 Lichtenau-Dalheim
Tel.: 0 52 92 / 16 64 u. 02 51 / 5 91 - 46 89
Fax: 0 52 92 / 23 97
oder
Stadt Lichtenau
Tel.: 0 52 95 / 89 36

Öffnungszeiten:

Die Anlage ist durchgehend (außer montags)
vom 01.04. - 31.10. von 10.00 - 18.00 Uhr geöffnet.

Führungen nach Vereinbarung durch das Museum in der
Kaiserpfalz, Paderborn, Tel.: 0 52 51 / 1 05 10.

Holthausen, Stadt Büren

Ehem. Zisterzienserinnenkloster
heute: Klostergut Holthausen

Klosterareal von Nordosten

Das in der Mitte des 13. Jhs. gegründete Zisterzienserinnenkloster und seit Beginn des 19. Jhs. im Privatbesitz befindliche Klostergut Holthausen zeigt noch heute den Zustand seit den umfangreichen Instandsetzungs- und Umbaumaßnahmen des 18. Jhs. Während die mittelalterliche Gesamtgliederung - bestehend aus einem zweigeschossigen Gebäude-Geviert, das einen kleinen Innenhof mit Kreuzgang umschließt - weitgehend beibehalten wurde, erfuhren die Gebäude eine nahezu durchgängige Neugestaltung in schlichtem Barock-Stil. Mittelalterliche Baumerkmale sind vereinzelt im West- und Nordflügel erhalten. Der Nordflügel wird von der Klosterkirche mit ihrem barocken Dachreiter eingenommen. Die Inschrift der darin befindlichen Glocke von anno 1613 (Kopatron: Joh.bapt.) deutet mit der Nennung der Äbtissin (Katharina Brandis) an, dass dem Klosterkonvent zu keiner Zeit Damen des Hochadels angehörten.

Die Ausstattung des einschiffigen, dreijochigen und kreuzgradgewölbten Kircheninneren ist seit der Renovierung (1773 - 1778) kaum verändert. Der Großteil der Einrichtung wie Hochaltar, Statuen, Gestühl und Empore stammen aus der Werkstatt des Bürener Bildhauers und Malers Johann Leonhard Falter († 1816). Altar und Altarbild (Mariä Himmelfahrt) tragen Merkmale des beginnenden Klassizismus. Auf den hl. Bernhard als Ordensgründer nimmt - außer einer Holzstatue - das spiegelbildlich die Kirchendecke zierende Zitat Bezug (dt.: Maria allein ist meine Zuversicht und der Hl. Bernhard, Abt zu Clairveaux, der einzige Grund meiner Hoffnung). Im Fußboden sind Grabplatten vormaliger Äbtissinnen eingelassen.

Als gestalterische und funktionale Verbindung zwischen dem ebenerdigen Laien-Kirchenraum und der allein den Nonnen vorbehaltenen hölzernen Empore dient die Kanzel mit ihrem reich verzierten großen Schalldeckel. Das kunstvoll geschnitzte Gitter der mit 14 Sitzen (1778), einer Orgel (1764) und einem eigenen kleinen Altar ausgestatteten Nonnenempore markiert die Trennung von Kloster- und Laienwelt ebenso wie der ursprüngliche Verzicht auf eine Treppe zwischen

Empore und Laienraum. Die Nonnen betraten die Empore über einen dem Westteil des Kirchenschiffs vorgelagerten geräumigen Gebäudeteil, der vermutlich vor der Umgestaltung zunächst als Kirche, dann als Oratorium zwischen Kapitelhaus und Kirche diente. Ein Gemälde aus

dem 17. Jh. stellt allegorisierend (Kreuzanbetung) den Verwandtenkreis der Edelherren von Büren dar, von welchen die Nonnenzisterze in der Mitte des 13. Jhs. als Familienkloster und Begräbnisstätte gegründet und bis zum Aussterben des Geschlechts (1661) gefördert wurde.

Der Konvent umfasste nie mehr als zwölf Nonnen. Um 1350 besaß Holthausen nicht nur das bei der Gründung erworbene Patronat an den Bürener Gotteshäusern, sondern

Hochaltar der ehem. Klosterki...

auch an der Kirche des später wüstgefallenen Dorfes Dorslon (nördlich von Marsberg) sowie an der kurz vorher (1337) errichteten Fronleichnamskapelle in Büren. Die auch für Holthausen seit Ende 14. Jhs. erkennbare Intensivierung der Geldwirtschaft begünstigte den Niedergang der Ordenszucht und die Anfälligkeit für reformatorische Einflüsse des 16. Jhs., zumal die Edelherren von Büren als klösterliche Schutzherren sich nach 1550 der calvinistischen Lehre angeschlossen hatten. Während im Kloster die Rückkehr zum "rechten Glauben" vom Paderborner Fürstbischof ultimativ erzwungen wurde, wurde die Rekatholisierung der Edelherren durch den Umstand begünstigt, dass Moritz von Büren bereits mit sechs Jahren (1610) die Nachfolge seines Vaters antreten musste und alsbald unter die Vormundschaft des Bischofs und in die Erziehungsvollmachten der Jesuiten gelangte. Das Kloster Holthausen unterstand nach seinem Tod (1661) im Zuge jesuitischer Stadt- und Landesherrschaft der strengen Aufsicht des Ordens, fand dessen Unterstützung beim großzügigen Umbau, büßte zugleich seine gesellschaftliche Stellung ein und blieb - im Schatten von Kolleg und Kirche - eine Stätte weltabgewandter Andacht und Gottesverehrung.

Mit der Säkularisation (1810) erlosch das klösterliche Leben in Holthausen. Zusammen mit seinem damaligen Landbesitz von gut 160 ha fand Holthausen aber in Franz-Joseph Freiherr von und zu Brenken einen Käufer (1811), über den das Kloster bis heute in Privatbesitz und zugleich in gutem Zustand geblieben ist. In drei aufeinanderfolgenden Brenkener Generationen wurde das Klosteranwesen durch Anlage von Wirtschaftsgebäuden zunächst zu einem Gutshof umfunktioniert und dann (ab 1851) als repräsentativer Wohn- und Dienstsitz mehrerer Bürener Landräte genutzt. Im Jahre 1944 nahm mit Maria Freifrau von Fürstenberg geb. Freiin von Brenken wieder eine Nachfahrin der einstigen Besitzer ihren Wohnsitz in Holthausen. Ihr Sohn Dr. Peter Freiherr von Fürstenberg als gegenwärtiger Besitzer ist in besonderem Maße um die Wiederherstellung und Erhaltung der ehem. Klosteranlage bemüht.

Dieter Schnell

Informationen und Auskünfte:

Klostergut Hothausen
Postfach 1167
33130 Büren
Fax: 0 29 51 / 58 57
E-mail: fuerstenforst@t-online.de

Öffnungszeiten:

Der Gebäudekomplex läßt sich vom Gutshoftor her betrachten. Die ehem. Klosterkapelle ist noch nicht endgültig restauriert und nur nach langfristiger Voranmeldung zu besichtigen.

Ehem. Benediktinerkloster, gen. Abdinghofkloster
heute: ev. Abdinghofkirche

Ansicht der Abdinghofkirche von Südosten

Die Abdinghofkirche St. Peter und Paul, die sich noch heute als romanischer Bau mit charakteristischer Krypta darstellt, liegt im Herzen von Paderborn über den Quellen der Pader, vermutlich an der Stelle, an der Karl der Große 777 sein Lager im damaligen Sachsen aufschlug und sich dann wenige Jahre später (799) mit Papst Leo III. traf - ein glanzvolles Ereignis, dem die Feierlichkeiten im Jahre 1999 galten.

Die ehem. Klosterkirche gehört zu den Bauwerken, die im 11. Jh. Bischof Meinwerk, ein Verwandter Kaiser Heinrichs II., in unmittelbarer Umgebung der Kaiserpfalz und des Domes errichten ließ.

Es waren Benediktinermönche der Reformabtei Cluny, die 1015 nach Paderborn kamen und bald große Wirksamkeit weit über die Stadt und die Region hinaus bis in die Niederlande hinein entfalteten. Sie errichteten das erste Hospital der Stadt, legten die Padersümpfe trocken und schufen die bedeutende Darstellung der Kreuzabnahme an den Externsteinen im Teutoburger Wald bei Horn.

Der Beitritt zur Bursfelder Kongregation im Jahre 1477 hatte großen Einfluss auf das Leben im Kloster. Bücher wurden geschrieben, ausgemalt und kunstvoll eingebunden. Die bedeutendste Handschrift, das Abdinghofer Graduale von 1517, gehört heute zu den Schätzen der Erzbischöflichen Bibliothek Paderborn.

Das Ende für die Benediktiner kam im Zuge der Säkularisation. Die Kirche wurde zweckentfremdet und verfiel, bis sie 1866 die evangelische Kirchengemeinde übernahm und nach langwieriger und schwieriger Restaurierung 1871 zu ihrer Gottesdienststätte machte.

Die Zerstörungen des Zweiten Weltkrieges, denen 80 Prozent der Stadt zum Opfer fielen, brachte es mit sich, dass auch die Kirche und die ehem. Klostergebäude, die lange als Kaserne dienten, stark in Mitleidenschaft gezogen wurden. Die Kirche wurde ein zweites Mal von der evangelischen Kirchengemeinde mit großen Mühen aufgebaut. Die Überreste des Klosters wurden weitgehend abgerissen, so dass heute leider nur noch der Klostergarten, der Remter, Reste des Kreuzganges und alte Kellergewölbe als Zeugen einer großen Vergangenheit zu besichtigen sind (Zugang durch die Städtische Galerie).

Die Abdinghofkirche hat in ihrer langen Geschichte manche Umwandlung erfahren, ist jedoch trotz mehrfacher Beschädigung und Zerstörung in ihrer ursprünglichen Gestalt erhalten geblieben. D e dreischiffige Basilika zeigt sich heute ohne jede Ausmalung und Ausschmückung in archaischer Strenge: Romanik pur.

Wer die wenigen Stufen zur Krypta hinuntergeht, wird erfasst von der

ursprünglichen Atmosphäre und der Geschlossenheit der Architektonik, die diese Kirche in einzigartiger Weise auszeichnet.

Eine weitere Besonderheit stellt die sog. Abtskapelle im Westwerk dar. Sie zeigt inmitten des Kreuzmusters des Fußbodens eine Säule, den Lebensbaum, aus einem Stein gemeißelt, der ein mit Palmettenblättern geschmücktes Trapezkapitell trägt.

Blick auf den quadratischen Chor

Rudolf Jäger

Informationen und Auskünfte:

Evangelisch-Lutherisches Pfarramt
Am Abdinghof 9
33098 Paderborn
Tel.: 0 52 51 / 2 39 60
Fax: 0 52 51 / 2 39 92

Kirchenkreis Paderborn
Klingenderstr. 13
33100 Paderborn
Tel.: 0 52 51 / 50 02 - 0
Fax: 0 52 51 / 50 02 55

➤➤

 *Öffnungszeiten:*

Im Sommer: täglich 10.00 - 12.00 Uhr u. 15.00 - 17.00 Uhr
sonst in Absprache mit dem Küster auch außerhalb dieser Zeiten

Über kirchenmusikalische Veranstaltungen und Ausstellungen
informieren der
Verkehrsverein Paderborn (Tel.: 0 52 51 / 88 29 80),
das Pfarramt oder der Küster (Tel.: 0 52 51 / 2 53 72).

Gottesdienste:

Wochenschlussandachten Sa 18.00 Uhr
                        So 8.00 u. 10.00 Uhr

Paderborn

**Ehem.   Kollegiatstift St. Peter und Andreas,
       gen. Busdorf**
heute: Kirche der kath. Pfarrgemeinde St. Liborius

Busdorfkirche

Kurz vor seinem Tode weihte Bischof Meinwerk (1009 - 1036) die damals noch außerhalb der Stadtmauern liegende Kirche des Busdorfstiftes, die sich vermutlich noch im Rohbau befand. Bei der Weihe war Kaiser Konrad II. (1024 - 1039) zugegen. Zugleich errichtete der Bischof die Busdorfpfarrei, die er dem Stift inkorporierte. Anfangs gehörten neben dem Propst 12 Kanoniker zum Stift, deren Zahl später auf 10 zurück-

ging. Praktisch leitete der Dechant das Stift; spätestens seit dem 14. Jh. übte der Propst, der immer ein Mitglied des Domkapitels war, nur noch repräsentative Funktionen aus. Als im Jahre 1231 die Aufteilung der Stadt in vier Pfarreien erfolgte, musste das Busdorfstift auf seine nördlich der Giersstraße liegenden Pfarrgebiete zugunsten der Dompfarrei verzichten.

Bei einem Brand kurz vor 1300 erlitten die Stiftsgebäude erheblichen Schaden, und auch die Kirche wurde weitgehend zerstört. Die Kirche war jedoch nach 1300 bereits wieder aufgebaut, wobei man jetzt Kapellen an den Chorbereich angliederte, zu deren Gunsten viele Stiftungen erfolgten. Damals bürgerte sich für das Stift auch die Bezeichnung "ecclesia secunda" ein, was den Rang des Stiftes als zweite Kirche nach dem Dom widerspiegelt.

Der erste Bau der Stiftskirche war, wenn auch nur ideell, nach dem Vorbild der Grabeskirche in Jerusalem gebaut worden. An einen oktogonalen Zentralbau schlossen sich den Ausgrabungsergebnissen von 1935/36 zufolge vier Längsarme an, von denen der westliche den heutigen Chor der Kirche, flankiert von zwei Rundtürmen, bildet. Der heutige Kirchenbau stammt aus dem 14. Jh.

In der Reformationszeit sah die Stiftskirche evangelische Prediger. Gleichwohl blieben das Stiftskapitel und die Gemeinde stets katholisch. Auch der Dreißigjährige Krieg ging nicht spurlos am Stift vorüber; hinzu kam, dass der Blitzeinschlag den Kirchturm vernichtete. So war das Stift am Ende des Krieges so verarmt, dass es keine Kontributionskosten auf-

Kreuzgang "Pürting"

zubringen brauchte. Die bauliche Erneuerung des Stiftes in der Barockzeit erfolgte vor allem unter den Dechanten Dr. Hermann von Plettenberg, Dr. Bernhard Frick und Johann Adolf Dierna, die auch Vertraute und Mitarbeiter der jeweiligen Fürstbischöfe waren. Äußeres Zeichen dieser Erneuerung waren die barocke Umgestaltung des Kircheninneren 1664 und die Errichtung des neuen Westportals mit der Eingangshalle von 1667. Mit barocker Pracht feierte das Stift 1736 seine 700-jährige Existenz.

Das insgesamt in gutem Zustand befindliche Stift wurde durch die Regierung in Kassel zum 1. Dezember 1810 aufgehoben.

Die Stiftskirche blieb weiterhin Pfarrkirche, die man aber in den Kriegen gegen Napoleon zeitweise als Strohmagazin nutzte. 1816 diente sie als katholische Garnisonskirche für die preußischen Soldaten, und von 1817 bis 1871 zugleich der evangelischen Gemeinde als Gottesdienstraum (sog. Simultaneum). Seit 1871 war sie ausschließlich katholische Pfarrkirche, die nach dem Zweiten Weltkrieg für einige Jahre wieder von der evangelischen Gemeinde mitgenutzt werden konnte. Die selbständige Busdorfpfarrei wurde 1998 aufgehoben. Seitdem ist die Kirche eine der drei Kirchen der neuen Innenstadtpfarrei St. Liborius.

Zu besichtigen sind heute nur noch die Kirche mit dem südlich angeschlossenen Kreuzgang ("Pürting"). Das noch stehende Haus des Stiftsdechanten ist seit 1844 Pfarrhaus. Die Kirche beherbergt heute noch wichtige Reliquien, so ein Kopfreliquiar. Nach der Säkularisation kamen aus Böddeken die Meinolphusreliquien in die Kirche, während aus Abdinghof der Sarkophag von Bischof Meinwerk und ein Schrein mit den Reliquien des Paderborner Bischofs Poppo hierher gelangten. Wichtige Ausstattungsstücke sind ein Kruzifix (um 1280), ein siebenarmiger Standleuchter (um 1300), ein spätgotisches Sakramentshaus (um 1440), ein Taufstein (spätgotisch), die Kanzel (im sog. Zopfstil des 18. Jhs.) sowie verschiedene Grabmäler. Der ehem. Kapitelsaal wird heute als Sakristei genutzt. An den Kapellen des nördlichen Seitenschiffs findet man

Spätgotischer Taufs

sog. Totenleuchten (dort lag der Friedhof).
Am Blasiustag (Blasius-Triduum jährlich 3. - 5. Februar) wird mit einem Kopfreliquiar der Blasiussegen gespendet.

Klaus Zacharias

Informationen und Auskünfte:

Pfarrbüro der Liboriuspfarrei
Domplatz 4
33098 Paderborn
Tel.: 0 52 51 / 2 35 54
Fax: 0 52 51 / 29 19 03

Öffnungszeiten:

Kirche: 8.00 - 18.00 Uhr
Der Kreuzgang ist als Durchgangsbereich immer offen.

Franziskanerkloster

Nordfassade der Kirche St. Joseph

Schon 1232 kamen Franziskaner-Minoriten nach Paderborn und wohnten im Johanneskloster am Kamp. In den Wirren der Reformation ging das Kloster unter und wurde ab 1530 nach und nach von den Mönchen verlassen. Die Klostergebäude wurden 1577 dem Domgymnasium überwiesen und kamen dann in Privatbesitz. Die ehem. Klosterkirche und das Kloster schenkte Fürstbischof Dietrich von Fürstenberg (1585 - 1618) den Jesuiten, die die Kirche 1596 abrissen.

Im Jahre 1658 erfolgte eine zweite Niederlassung des Franziskanerordens durch die sog. Observanten. Mit Unterstützung des Osnabrücker Fürstbischofs Franz Wilhelm von Wartenberg (1625/28 - 1661) sowie der Paderborner Fürstbischöfe Dietrich Adolf von der Reck (1650 - 1661) und Ferdinand II. von Fürstenberg (1661 - 1683) errichteten sie die Kirche und das Kloster. Um den Unterhalt zu sichern, setzte Fürstbischof Ferdinand von Fürstenberg zudem eine jährliche Rente aus. Die Gründung erfolgte allerdings gegen erheblich Widerstand aus den Reihen der Bürgerschaft und des Magistrats der Stadt sowie der Benediktiner und Kapuziner, die sich gegen ein weiteres Kloster in der Stadt wandten. Die Lage stabilisierte sich, als Ferdinand von Fürstenberg einen Schutzbrief des Papstes erwirkte und seinerseits ebenfalls Schutz zusicherte. 1664 erließ die Stadt den Franziskanern Steuern und Abgaben. Als Gegenleistung mussten die Franziskaner auf das Almosensammeln (Terminieren) verzichten, das wesentlichen Anteil an der Existenzsicherung der Bettelorden hatte.

Die alten Klostergebäude wurden zwischen 1663 und 1672 errichtet und 1697 durch die Sakristei mit darüberliegender Bibliothek ergänzt. 1728 erfolgte der Bau des sog. Fürstenflügels mit dem großen Fürstengastzimmer. Im übrigen Klosterkomplex befanden sich weitere Gästezimmer, Wohn- und Rekreationsräume sowie eine Krankenabteilung mit Kapelle.

Die Franziskaner-Observanten arbeiteten in der Seelsorge in Stadt und Hochstift und überstanden als einziges der elf Männerklöster im Hochstift Paderborn die Säkularisation. Sie konnten ihre Arbeit bis in die

Zeiten des Kulturkampfes fortsetzen, ehe sie 1875 das Kloster verlassen mussten. Nun wohnten vorübergehend 200 Einwohner der Stadt im Kloster, die durch eine Feuersbrunst obdachlos geworden waren. Bereits 1887 kehrten die Franziskaner-Observanten in ihr Kloster zurück. Den schwärzesten Tag in seiner Geschichte erlebte der Konvent wohl am 27. März 1945, als bei einem verheerenden Luftangriff auf Paderborn neben einem großen Teil der Stadt auch Kloster und Kirche zerstört wurden.

Diesem Bombenangriff fiel der gesamte Klosterbau der Jahre 1663 - 1667 sowie der Kirchenbau aus den Jahren 1668 - 1671 bis auf die Außenmauern - darunter auch die Kirchenfassade - zum Opfer. 1946 begannen die Aufräumungs- und Wieder-aufbauarbeiten. Die Kirche, in ihrer ursprünglichen Gestalt wieder errichtet, konnte bereits 1948 eröffnet werden. Besonders beachtenswert ist die kraftvoll gegliederte original erhaltene Kirchenfassade im Stil des italienischen Hoch-

Kirche St. Joseph

barocks mit vorgelegter Freitreppe. Entworfen wurde sie von dem in Würzburg und Mainz tätigen, aus Trient stammenden Baumeister Antonio Petrini.

Vergleichsweise schlicht nimmt sich hingegen der einschiffige Innen-raum der Kirche aus. An der rechten Wand ist die wappengeschmückte Bronzeplatte vom Grab des Stifters zu sehen. Kunstgeschichtlich von besonderem Interesse ist der Tragaltar des Roger von Helmarshausen in Klosterbesitz aus dem beginnenden 11. Jh. Er stammt aus dem Kloster

Klosterführung

Abdinghof (s. dort) und befindet sich heute als Dauerleih-gabe im Diözesan-museum in Pader-born.

Da das Kloster von Anfang an als Studienhaus vorge-sehen war, wurde Wert auf den Ausbau einer Bibliothek ge-legt. In den Wirren des Kulturkampfes und mit der Zerstörung im Zweiten Weltkrieg ist ein Großteil der Bestände verlorengegangen. Die heutige Klosterbibliothek befindet sich im Erdgeschoss des Klosterflügels. Trotz der Zerstörungen und des veränderten Wiederaufbaus bilden Kirche und Klostergebäude zusammen mit der Treppenanlage eine ansehnliche Gesamtanlage.

Den Schwerpunkt ihrer Tätigkeit sehen die Franziskaner heute in der Kranken- und Beichtseelsorge. In Kirche, Kreuzgang und Refektorium finden Vortragsabende, Kunstausstellungen und Konzerte statt.

Oliver Brehm

Informationen und Auskünfte:

Franziskanerkloster
Westernstr. 19
33098 Paderborn
Tel.: 0 52 51 / 2 01 90
Fax: 0 52 51 / 28 04 08

Öffnungszeiten:

Kirche: Mo - So 8.00 - 19.00 Uhr
         Führungen durch Kirche und
         Kloster nach vorheriger Absprache

Gottesdienste:

      Mo - Sa 9.00, 18.30 Uhr
      So   8.30, 10.00, 20.00 Uhr

① Paderborn

*Ehem.   Zisterzienserinnen-, seit 1500
            Benediktinerinnenkloster, gen. Gaukirchkloster*
heute: Kirche der kath. Pfarrgemeinde St. Liborius

Barocke Westfassade

Am 6. Januar 1229 übertrug der Paderborner Dompropst Volrad ein Haus an die Paderborner Zisterzienserinnen, von denen es in der Urkunde heißt, diese seien erst kurz zuvor aus dem St. Ägidiikloster in Münster gekommen. Dem Schwesternkonvent und einem Hospital am Westerntor gewährte Bischof Bernhard IV. am 1. Oktober 1229 Schutz und Immunität. Beide Häuser blieben bis 1326 eng verbunden, so dass man vermuten darf, dass die Schwestern zunächst auch die Krankenpflege übernahmen. Wohl um diese Zeit (nach 1326) bezogen sie das spätere Klostergebäude südlich der Gaukirche innerhalb der Domimmunität. Am 31. Januar 1231 hatte der Dompropst bereits auf seine Rechte verzichtet und inkorporierte dem Kloster die Kirche und die Pfarrei mit dem gesamten Vermögen. Der Pfarrer übernahm mit dem Titel "Propst" (er trägt ihn bis heute) die Verwaltung der Klostergüter, sorgte sich um den Lebensunterhalt der Schwestern und die Instandhaltung der Gebäude.

Als sich in der zweiten Hälfte des 15. Jhs. zahlreiche Klöster der Bursfelder Reformkongregation anschlossen, suchte Bischof Hermann von Hessen (1498 - 1508) auch das Gaukirchkloster dafür zu gewinnen. Im Jahre 1500 wandelte der Bischof nach einer Visitation das Kloster in ein Benediktinerinnenkloster um und berief eine neue Äbtissin aus Willebadessen. Diese Reform brachte es mit sich, dass protestantisches Gedankengut im Kloster keinen Eingang fand. Um 1690 erfolgte eine Barockisierung des Kircheninneren, vor allem mit dem Aufstellen eines Altares (1698), der heute in der Dominikanerkirche in Münster steht (gefertigt von Heinrich Gröne, † 1709). Unter Äbtissin Maria Josepha Waldeyer wurde zwischen 1743 und 1752 ein neues Klostergebäude erbaut, dessen Portale bis heute erhalten sind (Benedikt-Portal im Klosterrest in der "Grube", Scholastika-Portal in der heutigen Dompropstei). 1746 bis 1749 errichtete Hofarchitekt Franz Christoph Nagel die barocke Westfassade der Kirche mit einer Figur des Kirchenpatrons St. Ulrich.

Am 14. Dezember 1810 erfolgte die Aufhebung des Klosters, wobei die 15 Schwestern zunächst ein Bleiberecht erhielten. 1812 wurde die Stadt Eigentümerin der Gebäude; der Propst war jetzt nur noch Pfarrer. 1825 mussten die letzten Schwestern das Kloster verlassen, weil die Stadt dort ein Obdachlosenasyl einrichten wollte.
Die ehem. Klosterkirche, eine romanische

Neugotischer Flügelaltar

Basilika, ist heute eine der drei Kirchen der Innenstadtpfarrei St. Liborius, die aus den vier alten Paderborner Innenstadtpfarreien 1998 gebildet wurde. Die Kirche hat einen kreuzförmigen Grundriss. Charakteristisch ist der achteckige Westturm über dem Westjoch. Einige kleine Kapellen wurden später angebaut.

Die Kirche verfügt über einen großen Bestand an liturgischen Geräten und historischen Kunstwerken. Neben verschiedenen Kelchen und einer gotischen Monstranz sind ein Gabelkreuz (1360), eine Madonna (1420), die barocke Kommunionbank sowie ein Taufbecken (1740) zu erwähnen. Darüber hinaus findet man in der Kirche verschiedene Grabsteine bzw. Memorien, u. a. für Weihbischof Christoph Crass († 1751), Hofrichter Peter Vogelius († 1701), Vizekanzler Ignatz Vogelius († 1727) und Bürgermeister Bartholomäus Gleseker († 1751). Das spätgotische Sakramentshäuschen (Nordwand des Chores) stammt aus dem Jahre 1480. Die heutige Chorraumgestaltung ist modern und ebenso wie das Nordportal (zum Domplatz hin) von Heinrich-Gerhard Bücker nach 1970 geschaffen (Adlerpult, Triumph-Kreuz im Chorraum). Der Flügelaltar an der Ostwand des südlichen Querschiffes zeigt Szenen aus dem Marienleben und ist ein neugotisches Werk des Paderborner Bildhauers Anton Hellweg von 1894. Die Fenster der Sakraments- und der Ursulakapelle hat der Paderborner Künstler Franz Pauli gestaltet.

Die Klostergebäude und die Kirche wurden 1945 völlig zerstört und sind dann bis auf wenige Reste abgetragen worden. Die Kirche zeigt sich nach dem Wiederaufbau und nach der letzten Restaurierung in reinen romanischen Formen.

Klaus Zacharias

Informationen und Auskünfte:

Pfarrbüro der Liboriuspfarrei
Domplatz 4
33098 Paderborn
Tel.: 0 52 51 / 2 35 54
Fax: 0 52 51 / 29 19 03

Öffnungszeiten:

täglich 8.00 - 12.00 Uhr u. 14.30 - 18.00 Uhr
Während der Öffnungszeiten besteht Zugang zur Eucharistie, die
in einer kostbaren neuzeitlichen Monstranz in der Kreuzkapelle
ausgestellt ist.

Gottesdienste:

täglich 18.00 Uhr

Ehem. *Jesuitenkolleg*
heute: Theologische Fakultät, Gymnasium
Theodorianum sowie Kirche der kath.
Pfarrgemeinde St. Liborius, gen. Marktkirche

Barockfassade der ehem. Jesuitenkirche

Im Jahre 1580 gelang es einer Gruppe innerhalb des Domkapitels, die unter der Leitung des Dompropstes Dietrich von Fürstenberg stand, die Stelle des Dompredigers mit einem Jesuiten aus Heiligenstadt zu besetzen. Diesem folgte bald ein zweiter Jesuit als Lehrer an der Domschule, deren Leitung 1585 die Jesuiten ganz übernahmen. Schon im Jahre 1596 begannen die Jesuiten auf dem Gelände des ehem. Minoritenklosters (s. Franziskanerkloster) mit dem Neubau eines Kollegs. Das Gelände hatte ihnen ihr großer Gönner, der inzwischen Fürstbischof gewordene Dietrich von Fürstenberg (1585 - 1618) geschenkt. 1604 konnte die vormalige Klosterkirche der Minoriten (Johanneskirche) nach langer Nichtnutzung wieder geweiht werden. Während der Feierlichkeiten dotierte der Fürstbischof das neue Kolleg mit vielen Stiftungen. 1605 konnten die Jesuiten das neue Kolleg beziehen, um ihrer Hauptaufgabe, der Erneuerung des katholischen Glaubens durch Unterricht und Seelsorge, nachzukommen. 1612 stiftete der Fürstbischof den neuen Schulflügel, der rechtwinklig an das Kolleg angebaut wurde, so dass die Jesuiten jetzt den Unterricht im eigenen Haus durchführen konnten. Bisher war die Schule am kleinen Domplatz und seit 1609 im Hause des Bürgers Crato am Kamp untergebracht. Krönung der Stiftungen des Fürstbischofs sollte die 1614 gestiftete "Academia Theodoriana" sein, die älteste westfälische Universität, die ganz unter der Leitung der Jesuiten stand.

Bald aber mussten die Jesuiten während des Dreißigjährigen Krieges schwere Einbußen hinnehmen: Braunschweiger, Hessen und Schweden plünderten das Haus mehrfach aus. Erst nach Kriegsende sollten sich die Jesuiten voll entfalten. Neben dem Unterricht prägten sie das Paderborner Land vor allem seelsorgerisch. Einer der bekanntesten Paderborner Jesuiten dieser Zeit war Pater Friedrich Spee von Langenfeld († 1635), der von 1623 bis 1626 und von 1629 bis 1631

Ehem. Kolleggebäude

Mitglied des Kollegs war. Wie wichtig die Arbeit des Ordens war, zeigt sich darin, dass bis zur Aufhebung des Ordens 1773 praktisch alle Paderborner Lehrer, Beamten und Priester ihre höhere Schulbildung hier erworben hatten.

Neben dem Kolleggebäude, das im Stil der sog. Weserrenaissance errichtet worden war, ist vor allem die Ordenskirche St. Franz Xaver, erbaut zwischen 1682 und 1692, zu nennen. Diese ersetzte die inzwischen baufällig gewordene spätgotische (1506) Johanneskirche, von der bis heute der Turm erhalten ist. Dieser Neubau an anderer Stelle war eine Stiftung des Fürstbischofs Ferdinand von Fürstenberg (1661 - 1683) und wurde im Stil des Hochbarock als dreischiffige Basilika, in gotisierenden Formen, durch den Ordensbruder Anton Hülse errichtet. Die neue Kirche erhielt eine reiche und künstlerisch wertvolle Ausstattung. Teilweise wurden auch Gegenstände aus der alten Kirche in die neue übertragen, so die schöne Hängemadonna im Mittelschiff der Kirche. Der gewaltige Hochaltar von 1696 verbrannte zusammen mit der übrigen Inneneinrichtung 1945. Die Barockkanzel von Heinrich Gröne (1704) konnte durch vorherigen Ausbau gerettet werden. Derzeitig wird der Hochaltar originalgetreu rekonstruiert. Vier weitere Nebenaltäre verbrannten ebenfalls. Zwei Altäre wurden später aus anderen Kirchen übernommen.

Zur Kirchenausstattung gehören außerdem ein schöner Renaissance-Kelch (1621), heute im Diözesanmuseum in Paderborn, ein großes spätgotisches Kreuz und eine Muttergottesstatue (um 1380). Immer wieder findet man in der Kirche Hinweise auf Jesuitenheilige, insbesondere auf den Kirchenpatron St. Franz Xaver. Über dem Hauptportal erkennt man in einer Kartusche eine Stiftungsinschrift und darüber das große Allianzwappen des Stifters Fürstbischof Ferdinand von Fürstenberg.

Das "Theodorianische Ensemble" wird heute von der Theologischen

Altar einer Seitenkapelle

Fakultät Paderborn und dem Gymnasium Theodorianum genutzt. Die Jesuitenkirche war seit 1784 zugleich Pfarrkirche der Marktkirchgemeinde St. Pankratius (bis 1998) und ist heute eine der drei Kirchen der St. Liborius-Innenstadtgemeinde. Die Theologische Fakultät und das Gymnasium haben ein dauerndes Nutzungsrecht. Die Besichtigung des Kolleggebäudes lohnt nur von außen; im Inneren der Fakultät hängen Bilder des Hofmalers Fabritius, die Ferdinand von Fürstenberg anfertigen ließ und Orte im Hochstift Paderborn zeigen. Früher hingen diese im Neuhäuser Schloss.

Klaus Zacharias

 Informationen und Auskünfte:

Pfarrbüro der Liboriuspfarrei
Domplatz 4
33098 Paderborn
Tel: 0 52 51 / 2 35 54
Fax: 0 52 51 / 29 19 03

 Öffnungszeiten:

Kirche: 8.00 - 18.00 Uhr

③ Paderborn

Ehem. Kapuzinerkloster
heute: Bildungsstätte des Erzbistums Paderborn,
gen. Liborianum

Westfassade

Im Jahre 1612 berief der Paderborner Domdechant und spätere Dompropst Arnold von Horst (†1630) die Kapuziner nach Paderborn, damit sie zusammen mit den Jesuiten die katholische Erneuerung in Paderborn betreiben sollten. Er stiftete den ersten Mönchen, die aus Köln kamen, am Stadelhof ein Grundstück, auf dem er eine Kirche und ein Kloster bauen ließ. Beim Stadtbrand 1616 wurden beide Gebäude zerstört, jedoch finanzierte der Domdechant sofort den Neubau und kaufte weitere Grundstücke für einen Klostergarten. Da man bei diesem Neubau die Grundmauern nicht erneuert hatte, waren beide Gebäude um 1670 baufällig. 1673 erfolgte der vollständige Abriss, so dass an dieser Stelle der dritte Bau entstand. Zwischen 1681 und 1683 wurde auch die Klosterkirche völlig neu errichtet. Baumeister war der Kapuzinerbruder Ambrosius von Oelde (†1705), der im Dienste westfälischer Fürstbischöfe in Paderborn und im Münsterland tätig war. Weihbischof Nils Stensen weihte die Kirche am 4. Juni 1683. Seit 1626 wurde das Kloster durch eine "Wasserkunst" mit Frischwasser, das man aus der Pader hierher pumpte, versorgt. Der Kump steht heute vor dem Paderborner Franziskanerkloster, während die Brunnenfigur, den stigmatisierten hl. Franziskus zeigend, im Kreuzgang des Klosters verblieben ist.

Die Patres halfen vornehmlich in der Seelsorge aus; so stellten sie seit dem Anfang des 17. Jhs. den Domprediger. Im Kloster befanden sich für einige Jahre ein Noviziat (1624 - 1627) und ein hauseigenes Studium (bis 1801). In der Zeit des Dreißigjährigen Krieges blieben Kloster und Kirche weitgehend unbehelligt, weil selbst Herzog Christian von Braunschweig (†1627) wegen der Armut des Klosters von einer Plünderung absah. Schwer zu leiden hatte das Kloster dagegen in den Schlesischen Kriegen zwischen 1741 und 1763, als Franzosen und

Engländer im Haus logierten. In der Säkularisationszeit wurde das Kloster wegen seiner Armut zum Aussterben verurteilt und daher nicht aufgehoben. Der preußische König verbot 1825, Novizen aufzunehmen. Erst 1834 wurde das Kloster endgültig aufgehoben, jedoch erhielten die verbliebenen Patres ein Bleiberecht.

Die Kirche ist eine "klassische" Kapuzinerkirche, d. h. eine einfache, vierjochige Saalkirche mit einem quadratischen eingezogenen Chorraum und anschließendem tonnengewölbten Oratorium. Unter dem Chorraum befindet sich der Totenkeller, in dem die Kapuziner von 1687 bis 1809 bestattet wurden. Die Kirche, eine Stiftung Fürstbischofs

Ferdinand von Fürstenbergs (1661 - 1683), zeigt äußerlich eine schmucklose Form, sieht man von dem prächtigen, in flämischem Barock gestalteten Kirchenportal mit dem Wappen des Fürstbischofs und der Stifterkartusche, ab. Im Inneren zeigt die Kirche hochbarocke Formen, jedoch wurde die ursprüngliche, von dem Tischler Paul Gladbach aus Rüthen geschaffene Inneneinrichtung 1945 zerstört. Der heutige Hochaltar mit

Blick in den Kreuzgang

einem Liboriusbild (1658) von Anton Willemssens kam erst 1962 in die Kirche. Zuletzt restauriert wurde die Kirche 1978. Die Kirche ist Hauskirche des Liborianum. Sie beherbergt eine schöne, aus dem Jahre 1758 stammende Monstranz Augsburger Provenienz. Über dem Klostereingang befindet sich der Wappenstein des Stifters Arnold von Horst.

Das Kloster diente nach der Aufhebung zunächst als Knabenseminar der Diözese (1846 - 1979, mit Unterbrechungen im Kulturkampf und im Zweiten Weltkrieg). Von 1840 bis 1846 betreute hier Pauline von Mallinckrodt († 1881) die ersten blinden Kinder. Als Besonderheit ist anzumerken, dass im Kloster die sog. Aachener Gruppe der Reichskleinodien von 1794 bis 1798 in Sicherheit gebracht worden war. Von hier gelangten sie in die Schatzkammer der Wiener Hofburg. Seit 1979 ist im Kloster das Liborianum, die Bildungsstätte des Erzbistums, untergebracht. Dazu waren verschiedene Umbaumaßnahmen erforderlich; die letzten wurden zwischen 1996 und 1998 durchgeführt.

Als Bildungsstätte hat das Liborianum die Aufgabe, ein Haus der persönlichen Begegnung und des gemeinsamen Lebens zu sein. Es ist heute ein Ort, an dem gemeinsames Nachdenken, Erfahrungsaustausch und Besinnung möglich sind. Die Bildungsangebote befassen sich schwerpunktmäßig mit den Bereichen der religiöstheologschen Bildung, der Mitarbeiterfortbildung, der sozialen und politischen Bildung sowie der Personalentwicklung.

Klaus Zacharias

Informationen und Auskünfte:

Liborianum - Bildungsstätte des Erzbistums Paderborn
An den Kapuzinern 5 - 7
33098 Paderborn
Tel: 0 52 51 / 12 13
Fax: 0 52 51 / 12 15 55
E-mail: liborianum@t-online.de

Ehem. Kapuzinessenkloster
heute: St. Vincenzkrankenhaus-Landeshospital

Kirchenportal

Domdechant Arnold von Horst (†1630), der bereits den Kapuzinern zu einer Paderborner Gründung verholfen hatte, ist auch der Gründer des Paderborner Kapuzinessenklosters. Angeregt hatte die Stiftung der Guardian der Kapuziner Pater Bonaventura. Im Oktober 1628 kamen die ersten drei Kapuzinessen aus deren Kölner Kloster. Da der Klosterbau noch nicht errichtet war, wohnten die Schwestern zunächst im Hause des Domkapitelsyndikus Johann Victor Warnesius an der Wassergasse bei der oberen Mühle. Arnold von Horst hatte 1500 Reichstaler bereitgestellt, um den Platz für das Kloster zu kaufen. Am 1. Juli 1629 konnte das Kloster bezogen werden. Ende August wurde dann die strenge Klausur eingeführt.

Als Gottesdienstraum diente zunächst eine kleine Hauskapelle, für die Heinrich Gröninger ein Altarretabel angefertigt hatte. Schwere Zeiten brachte der Dreißigjährige Krieg mit sich, denn 1641 drohte die Aufhebung des Klosters, obwohl die Gemeinschaft sich gut entwickelt hatte. 1657 begann unter Fürstbischof Dietrich Adolf von der Reck (1650 - 1661) der Neubau von Kirche und Kloster auf dem alten Platz. Die Kirche, deren Grundstein der Fürstbischof persönlich gelegt hatte, war 1659 fertiggestellt. Die feierliche Weihe der Kirche erfolgte aber erst am 4. Oktober 1660 (Franziskus-Fest). Am 1. Januar 1661 bezogen 27 Schwestern das neue Kloster. Das Leben im Kloster war von besonderer Strenge gekennzeichnet; die Schwestern lebten kontemplativ und hatten nur geringe Kontakte zur Außenwelt.

Zwar überstand das Kloster die Säkularisation 1802/03, durfte aber seit 1810 keine Novizinnen mehr aufnehmen. 1826 sind erste Bestrebungen erkennbar, das noch in fürstbischöflicher Zeit gegründete Landeshospital (bisher im Haxthausenhof) in den Klostergebäuden unterzubringen und die verbliebenen Kapuzinessen in der Krankenpflege einzusetzen. Da diese aber zu alt waren, genehmigte der preußische König Friedrich Wilhelm III. (1797 - 1840) die Umwandlung des Klosters in ein Haus der Barmherzigen Schwestern. Zum 1. August 1831 wurde das Landeshospital in das Kloster verlegt, in dem die

letzten Kapuzinessen ein Bleiberecht erhielten. Am 19. November 1833 wurde das Kapuzinessenkloster endgültig aufgehoben.

Kirche und Kloster gingen 1841 in das Eigentum der Barmherzigen Schwestern des Heiligen Vincenz von Paul über. Mit der Gründung einer eigenen Kongregation wurde das Haus auch Mutterhaus und blieb es bis zum Neubau 1857 am Busdorf (s. dort). Seitdem war das Haus nur Krankenhaus, das seine Selbständigkeit bis 1970 behielt und von den Schwestern weiterhin betreut wurde. Seitdem ist es Teil des Paderborner St. Vincenz-Krankenhauses. Kirche und Kloster wurden im Zweiten Weltkrieg völlig zerstört und anschließend in veränderter Form, aber auf den alten Grundmauern wieder aufgebaut. Die Kirche entsprach als Saalkirche mit Oratorium ganz den Ordensvorschriften; einziger Schmuck war das noch vorhandene Kirchenportal mit den Figuren Maria Angelorum, Josef und Franziskus. Der einzige erhaltene Grabstein, der der ersten Oberin Mater Ancilla von Horstmar, befand sich ursprünglich im Kreuzgang neben dem Kircheneingang; heute ist er in einem Vorraum der Kirche hinter dem Portal aufgestellt.

Lohnend ist die Besichtigung der Kirchenfront, die praktisch als einziges Monument erhalten geblieben ist. In der Nische über dem Kirchenportal steht die Kopie der Muttergottesstatue "Maria Angelorum"; das Original von Heinrich Papen (um 1680) steht jetzt im Mutterhaus der Vincentinerinnen am Busdorf (s. dort). Vorhanden ist noch eine Monstranz (1631), während das Altarretabel 1919 in die Busdorfkirche gelangte (mit neuem Altarblatt); eine Anna Selbdritt (frühes 14. Jh.) kam in das Paderborner Diözesanmuseum.

Klaus Zacharias

Informationen und Auskünfte:

St. Vincenz Haus 2 (Landeshospital)
Kisau 14
33098 Paderborn
Tel.: 0 52 51 / 86 - 30

Klarissenkloster

Eingangsfront

Das Paderborner Klarissenkloster ist eine der jüngsten Ordensniederlassungen in Paderborn, denn es wurde erst 1926 gegründet. Der Orden selbst geht bis in die erste Hälfte des 13. Jhs. zurück und ist der "Zweite Orden" des Heiligen Franziskus, den dieser zusammen mit der ebenfalls aus Assisi stammenden adligen Dame Klara gegründet hat. Diese war ganz von der charismatischen Gestalt des Heiligen geprägt. Der Orden ist damit das weibliche Gegenstück zu den Franziskanern. Von Anfang an lebte der Orden in strenger kontemplativer Abgeschlossenheit und vollkommener Armut ohne Besitz und Einkünfte. So gehören auch heute noch das Grundstück, auf dem das Paderborner Kloster steht, und das Kloster selbst, nicht dem Orden, sondern der Herz-Jesu-Pfarrei. Die Schwestern sind dort demnach nur Gäste.

Das Paderborner Kloster, eines von derzeit 24 Häusern im deutschsprachigen Raum, wurde 1926 von Münster aus gegründet; im dortigen Kloster hatten damals mehr junge Frauen um Aufnahme gebeten, als aufgenommen werden konnten. Daher fragte die Äbtissin in Paderborn nach, ob es möglich sei, ein neues Kloster zu eröffnen. Für eine Neugründung in Paderborn engagierte sich besonders die Herz-Jesu-Gemeinde unter ihrem Pfarrer Bernhard Struck († 1947). Sie stellte nicht nur das Gelände für den Klosterbau zur Verfügung, sondern sorgte auch für die zügige Einrichtung, so dass noch im Jahre 1926 neun Schwestern das Leben nach der Klarissenregel beginnen konnten. Erste Äbtissin wurde Leonarda Sauer, die mit dem Herz-Jesu-Pfarrer verwandt war. Im Laufe der folgenden Jahre wuchs das Kloster beständig, wobei gemäß der Regel immer auf strenge Armut geachtet wurde. Die Schwestern wurden und werden bis heute von Nachbarn und Freunden mit Lebensmitteln versorgt; was übrig ist, wird an der Klosterpforte an Arme ausgegeben.

Nach dem Zweiten Weltkrieg erlebte das Kloster zahlenmäßig eine Blütezeit, danach folgte ein deutlicher Rückgang. Lebten 1985 noch 22 Schwestern im Konvent, so waren es 1994 noch 19; derzeit sind es 14 Schwestern. Ein Meilenstein in der Klostergeschichte war das Jahr 1990, denn nach dem Fall des Eisernen Vorhanges lebten im Paderborner Kloster einige Frauen aus dem mährischen Brünn, um sich

Freizeit im Klostergarten

hier auf eine eigene Klostergründung vorzubereiten. Heute haben die Schwestern aus Tschechien in einem Stadtteil von Brünn ein eigenes Kloster gegründet. Das neue Kloster wird von der ehemaligen Paderborner Äbtissin Schwester Thoma Wüpping geleitet.

Da das Leben der Schwestern streng kontemplativ ausgerichtet ist, läuft der Tag nach festen Regeln ab und ist von den Gebetszeiten geprägt. Daneben spielt die Arbeit eine wichtige Rolle.

Kirche und Kloster sind heute in modernen Formen errichtet, wobei der Außenbau den Formen der Gründung verpflichtet geblieben ist. Gern zeigen die Schwestern Besuchern ihr Haus und berichten von ihrem Leben, jedoch bleibt der Klausurbereich unzugänglich.

Klaus Zacharias

Informationen und Auskünfte:

Klarissenkloster
Theodor-Heuss-Straße 11
33102 Paderborn
Tel.: 0 52 51 / 3 36 58

Öffnungszeiten:

Besichtigung der Kirche und Gespräche mit den Schwestern nach Absprache.

Gottesdienste:

Eucharistiefeier:	tägl.	6.25 Uhr
	Mo u. Do	18.00 Uhr
	So	8.00 Uhr
Vesper/Abendgebet:	tägl.	17.00 Uhr
	So	17.30 Uhr

Augustiner-Chorfrauen-Kloster, gen. Michaelskloster

St. Michael, Ansicht der Ostfassade

Im Jahre 1658 wurden die Augustiner-Chorfrauen des sog. Lotharingerklosters in Münster vom damaligen Fürstbischof Dietrich Adolph von der Reck (1650 - 1661) für eine Gründung in Paderborn gewonnen, weil er vom bemerkenswerten Wirken der Schwestern dort gehört hatte, die jungen Mädchen kostenlosen Unterricht erteilten und sogar in der französischen Sprache unterrichteten. Nach anfänglichen Schwierigkeiten erfreute sich die Gemeinschaft bald regen Zuspruchs seitens der Paderborner Bevölkerung, die ihre Töchter den Schwestern gern zur Schulbildung anvertraute. Raumnot und finanzielle Engpässe wurden durch wohltätige Fürstbischöfe überwunden, die den Schwestern das sog. "Hauss auff der Pader" schenkten, bzw. in den Jahren 1691 - 1698 das Kloster und die Kirche erbauten. Bis auf die Notzeit des Siebenjährigen Krieges verlief die Entwicklung von Kloster und Schule vergleichsweise ruhig.

In den Wirren der Säkularisation waren das Kloster und die Schule mehrmals von einer Auflösung bedroht. Dass das Michaelskloster letztendlich die Säkularisation unbeschadet überstand, verdankt es dem Umstand, dass es zu den Stiftungen gehörte, die sich ausschließlich dem öffentlichen Unterricht widmeten. Ein Dekret von 1812 bestätigt dies ausdrücklich. Infolge des Kulturkampfes wurde das Kloster 1878 von der preußischen Regierung offiziell aufgehoben und die Schwestern wurden ausgewiesen. Für einige Jahre ließen sie sich im belgischen Neufvilles bei Brüssel nieder. Erst 1887 kehrten sie nach Paderborn zurück.

Nach der Schließung der Schule durch die Nationalsozialisten und trotz erheblicher Zerstörung im Jahre 1945 eröffneten die Schwestern das Gymnasium St. Michael im Januar 1946 als erste der Paderborner Schulen. 1950 wurde zudem eine zweizügige Realschule eingerichtet. Beide Schulen umfassen heute ca. 1.500 Schülerinnen. Die Augustiner Chorfrauen C.B.M.V. halten weiterhin an der Mädchenbildung fest, da ihre Ordensgründer in der Bildung der weiblichen Jugend einen wichtigen Beitrag zur Emanzipation der Frau und dadurch zur Gestaltung der Gesellschaft sahen. Hinzu kommt, daß die Koedukation in den 90er Jahren wieder hinterfragt wurde. Die Gemeinschaft der Augustiner Chorfrauen verbindet das kontemplative und aktive Ordensideal miteinander.

Der Bau des Klosters (1691 - 1693) und der Kirche (1694 - 1698) wurde von dem Kapuzinermönch Ambrosius von Oelde durchgeführt. Von der Michaelsstraße aus betritt man durch ein Holztor einen malerischen Binnenhof, von dem der Besucher rechts in die Michaelskirche gelangt. Die Kirche brannte im Zweiten Weltkrieg aus und stürzte ein. Der äußerlich unveränderte Wiederaufbau erfolgte in den Jahren 1947 - 1954. Die Fassade der Kirche blieb verschont und gilt als einzigartiges Kunstwerk flämischen Barocks. Anfang der 90er Jahre wurde sie restauriert. Von der vorgesehenen barocken Klosteranlage konnte nur ein Seitenflügel ausgeführt werden. Der gesamte Komplex erfuhr zahlreiche Veränderungen und Erweiterungen. Ein wenig versteckt liegt links die Klosterpforte. Über sie erreicht man den Nonnenchor oder auch den parkähnlichen Schulhof. Im Garten des Klosters befindet sich die 1670 - 1673 erbaute Alexius-Kapelle, die ursprünglich zum Kloster Abdinghof (s. dort) gehörte und zusammen mit dem Alexiusgarten 1863 vom Michaelskloster erworben wurde.

Sowohl die Alexius-Kapelle als auch die Michaelskirche werden wegen ihrer ausgezeichneten Akustik für kirchenmusikalische Andachten und Konzerte genutzt. Die Pflege des gregorianischen Chorals ist dem Konvent ein Anliegen.

Oliver Brehm

 Informationen und Auskünfte:

Michaelskloster
Michaelstr. 17
33098 Paderborn
Tel.: 0 52 51 / 2 90 63 - 0
Fax: 0 52 51 / 2 90 63 31
E-mail: michaelskloster@t-online.de
Internet: http://www.michaelskloster.de

 Öffnungszeiten:

Kirche und Eingangsbereich des Klosters sind frei zugänglich.
Kirche: täglich   7.00 - 9.00 Uhr
              14.30 - 18.00 Uhr

Führungen durch Kirche und Kloster - mit Ausnahme des Klausurbereiches - nach vorheriger Absprache.

Gottesdienste:

Eucharistiefeier: werktags 6.30 Uhr
So 7.45 Uhr
Vesper: 18.00 Uhr

Um für den Frieden zwischen Völkern, Nationen und für Versöhnung zwischen Konfessionen und innerhalb der Gemeinschaft einzutreten, findet jeweils am 1. Mittwoch im Monat das Taizé-Gebet um 19.00 Uhr in der Alexius-Kapelle statt.

Paderborn

Mutterhaus der
Barmherzigen Schwestern vom hl. Vincenz von Paul

Nordseite des Mutterhauses

Die Wiege der Paderborner Vincentinerinnen liegt im Straßburger Institut der Barmherzigen Schwestern, das der dortige Bischof Kardinal Prinz de Rohan im Jahre 1734 gegründet hatte. Die Straßburger Schwestern arbeiteten ganz im Sinne des hl. Vincenz von Paul (1581 - 1660), des Gründers der französischen Caritaskonferenzen, der das soziale Elend der Massen in Paris gesehen hatte. Der hl. Vincenz von Paul ist auch Gründer der Lazaristen gewesen (1625), die ebenfalls als Ordensgemeinschaft im karitativen Sinne wirken sollten.

Nachdem infolge der Säkularisation die klösterlichen Gemeinschaften in Paderborn für die karitativen und pflegerischen Aufgaben weggefallen waren, bemühte sich Bischof Friedrich-Clemens von Ledebur-Wicheln (1825 - 1841) um die Straßburger Schwestern, die auch in Paderborn in diesen Aufgabenbereichen tätig werden sollten. 1841 kamen die ersten drei Schwestern aus dem Elsaß, die im Landeshospital, das seit 1831 im ehem. Kapuzinessenkloster (s. dort) untergebracht war, mit ihrer Arbeit begannen. Dieses war bereits am 17. November 1827 durch eine Kabinettsordre in ein Institut der Barmherzigen Schwestern umgewandelt worden, wobei man ihnen das Klostervermögen der Kapuzinessen übertrug. Die päpstliche Genehmigung folgte am 28. April 1833.

Der Paderborner Bischof hatte am 25. März 1841 die selbständige Paderborner Kongregation des Ordens gegründet, jedoch verlief der Beginn nicht ohne Komplikationen. Erst als die Statuten am 22. Januar 1842 vorlagen, trat eine Konsolidierung ein. Rasch konnten neue Häuser eingerichtet werden, wohin die Paderborner Vincentinerinnen berufen wurden: so z. B. in Geseke, Warburg, Heiligenstadt, Bochum, Brilon, weiter entfernt in Hildesheim und später in Korea (1965) und Indien (1975). Schon damals wirkten mehr als 100 Schwestern in der Krankenpflege.

Da das erste Mutterhaus im Landeshospital den Anforderungen nicht mehr genügte, begann man 1855 mit dem Bau eines neuen Mutterhauses am Busdorf. Dieser Neubau erhielt 1857 die kirchliche Weihe. Später kamen Erweiterungsbauten hinzu, so 1872 das Noviziat,

1885/86 das Vincenzhaus für ältere Schwestern und 1891/92 der sog. Josephsflügel. 1896 erfolgte der Neubau der Kapelle. Um die Jahrhundertwende wurde das neue Krankenhaus gebaut (1900/01), da das Landeshospital den damaligen Ansprüchen an eine moderne medizinische Versorgung nicht mehr gerecht

wurde. Der Neubau folgte den damals modernsten Erkenntnissen und war für viele Krankenhäuser beispielhaft.

Auch die Schwesterngemeinschaft war permanent gewachsen. 1906 gehörten mehr als 1.000 Schwestern zur Kongregation, wobei 1933 der Höchststand erreicht worden war: Neben 2.276 Professschwestern zählte die Gemeinschaft mehr als 130 Novizinnen. Die Schwestern wurden bald zur Arbeit in der ganzen Diözese erbeten. Neben den schon genannten Häusern arbeiteten sie vor allem auch in der Behindertenbetreuung. Seit 1871 waren sie in der Betreuung Geisteskranker in Marsberg, Eickelborn und Warstein eingesetzt. Ebenso pflegten die Schwestern seit dem Krieg gegen Dänemark 1864 in allen bis 1945 folgenden Kriegen Kriegsverletzte und -versehrte, wofür einige mit hohen Orden ausgezeichnet wurden. Bis heute gehören Krankenpflege, die Pflege von Hilfsbedürftigen und der Unterricht zu den Hauptaufgaben der Gemeinschaft. In Paderborn arbeiten die Schwestern heute in drei Krankenhäusern, deren Träger sie sind. Dazu

gehören das St. Vincenz-Hospital (seit 1901), das Landeshospital (seit 1841) und die ehemalige Landesfrauenklinik (seit 1983). Außerdem sind sie in der Altenpflege engagiert, denn sie leiten das St. Vincenz-Altenzentrum (seit 1976) und verrichten ihren Dienst seit 1930 im Westphalenhof. In der Nähe des Altenzentrums liegt das 1979 für ältere Schwestern gebaute "Haus Maria". Im Jahre des 150-jährigen Jubiläums kam als weiterer Zweig das Hospiz an der Gesellenhausgasse hinzu,

Kirchenraum

ein Haus, in dem überwiegend schwerkranke und sterbende Menschen gepflegt und begleitet werden. Derzeit gehören etwa 600 Schwestern zur Kongregation.

Infolge von Kriegszerstörungen haben sich nicht viele Kunstwerke erhalten; genannt sei aber eine spätgotische Pietà in der Mutterhauskapelle, die neoromanischen Formen verpflichtet ist und zuletzt 1990 renoviert wurde.

Klaus Zacharias

Informationen und Auskünfte:

Mutterhaus
der Barmherzigen Schwestern vom hl. Vincenz von Paul
Am Busdorf 4
33098 Paderborn
Tel.: 0 52 51 / 1 02 - 0
Fax: 0 52 51 / 10 2 - 2 11

Gottesdienste:

werktags   6.25 Uhr
So   7.00 u. 18.10 Uhr

Mutterhaus der
Schwestern der Christlichen Liebe

Grabkapelle der Gründerin

Seit 150 Jahren wirkt und arbeitet die "Kongregation der Schwestern der Christlichen Liebe" - so der offizielle Name der Gemeinschaft - in Paderborn, wo sie vor allem wegen ihrer Fürsorge für blinde Menschen bekannt geworden ist. Die geistliche Genossenschaft ist eine typische Gründung des 19. Jhs., als viele vergleichbare Gemeinschaften entstanden, deren verbindendes Merkmal im weitesten Sinne die Sozialarbeit ist.

Gründerin der Schwesterngemeinschaft war die Tochter des ehemaligen Regierungsvizepräsidenten Detmar von Mallinckrodt, Pauline von Mallinckrodt (1817 - 1881). Nach dem frühen Tod der Mutter musste Pauline für die Erziehung ihrer Geschwister sorgen und zugleich gesellschaftliche Verpflichtungen an der Seite des Vaters übernehmen. In dieser Zeit begann sie mit intensiver karitativer Tätigkeit in Aachen. Die Familie zog 1839 um auf Gut Böddeken und besaß eine Paderborner Stadtwohnung. Im Jahre 1842 begann Pauline mit der Blindenarbeit, nachdem sie bereits 1840 im ehem. Kapuzinerkloster (s. dort) eine "Kleinkinderbewahranstalt" eingerichtet hatte. Im Jahre 1846 erwarb sie das "Hartmannsche Gartenhaus" am Kasseler Tor, das vor rund 100 Jahren einem Anbau weichen musste, und 1847 das "Meyersche Gartenhaus", heute Blindenmuseum. Verschiedene Versuche, in einen der bestehenden Orden einzutreten, scheiterten. So reiften in ihr Gedanken, eine eigene Gemeinschaft zu gründen, wobei sie Unterstützung vor allem durch Bischof Franz Drepper († 1855) und den späteren Höxteraner Pfarrdechanten Dr. Franz Josef Tewes († 1868) fand. Am 21. August 1849 begann mit der Einkleidung der ersten vier Schwestern in der Paderborner Busdorfkirche (s. dort) die Existenz der Gemeinschaft. Pauline leitete bereits seit 1847 die erste staatliche Blindenanstalt in Preußen, angesiedelt in Paderborn, nachdem sie ihr Privat-Blindeninstitut mit seinem ganzen Vermögen in diesem Jahr der Provinz Westfalen übergeben hatte. Die Evangelische Abteilung wurde 1847 in Soest eröffnet. Die Gemeinschaft übernahm neben der Blindenarbeit vor allem Erziehungsaufgaben. Die Gründung blühte rasch auf: 1859 gehörten schon 68 Schwestern der Gemeinschaft an, 1870 bereits 244. Noch unter Mutter Pauline gingen die ersten Schwestern nach Übersee, wo sie in Nord- und Südamerika ihre Arbeit aufnahmen.

Noch zu Lebzeiten der Gründerin erfolgte eine erste Aufgliederung der Gemeinschaft, seit 1926 in fünf Ordensprovinzen (je zwei in Nord- und Südamerika sowie die deutsche) gegliedert, wobei die karitativen und pädagogischen Aufgaben immer mehr wuchsen. Neu hinzugekommen ist 1995 die Arbeit der Schwestern mit blinden Menschen in der philippinischen Hauptstadt Manila, wohin sie der dortige Kardinal Jaime Sin gerufen hatte. Fast 900 Schwestern arbeiten heute weltweit im Sinne der Gründerin, der 1985 selig gesprochenen Mutter Pauline.

Weil das Hartmannsche und Meyersche Gartenhaus für Schwestern und Blinde nicht ausreichend Platz boten, trug sich Mutter Pauline schon bald mit Neubauplänen. Die heutige neugotisch geprägte Anlage geht aber vor allem auf Bauten des bekannten Paderborner Diözesanbaumeisters Arnold Güldenpfennig (1830 - 1908) zurück, der 1894/95 das Mutterhaus wesentlich vergrößerte und die große Kapelle im Osten an das Gebäude anbaute (sog. Rotbau). Güldenpfennig setzte auf das ursprünglich zweistöckige Mutterhaus ein weiteres Geschoss und glich das Kapellendach an diesen Bau an. Im Garten des Hauses steht die Conraduskapelle, die 1881 zur Grabkapelle der Gründerin wurde. Sie war bei der Zerstörung des Mutterhauses 1945, dessen Wiederaufbau erst 1952 abgeschlossen werden konnte, weniger betroffen.

Klaus Zacharias

Informationen und Auskünfte:

Mutterhaus der Schwestern der Christlichen Liebe
Warburger Straße 2
33098 Paderborn
Tel.: 0 52 51 / 6 97 - 0 · Fax: 0 52 51 / 6 97 - 1 35

Öffnungszeiten:

Führungen durch die Gedenkstätte "Pauline von Mallinckrodt" nach vorheriger Anmeldung.

Gottesdienste:

Kapelle des Mutterhauses:
Eucharistiefeier	werktags:	6.40 Uhr, So 7.15 Uhr
Stundengebet	werktags:	Laudes 6.15 Uhr, Vesper 18.00 Uhr
	Sa u. So:	17.30 Uhr

Kloster der Oblaten des hl. Franz von Sales, gen. Salesianum

Ansicht vom Wall

Nur fünf Minuten Fußweg vom Dom entfernt, im Herzen Paderborns, liegt das Salesianum, eine klösterliche Niederlassung der Oblaten des hl. Franz von Sales. Franz von Sales (1567 – 1622), geboren auf Schloß Sales in Savoyen, wurde im Jahre 1602 Bischof von Genf. Im Jahre 1610 gründete er zusammen mit der Baronin Franziska von Chantal den Orden der Heimsuchung Mariens. Nicht strenges Fasten und harte Bußübungen sollten seine Schwestern auszeichnen, sondern einzig und allein die Liebe. Erst gut 250 Jahre nach dem Tode des Gründers wurde 1875 auch ein Männerorden mit der Bezeichnung "Kongregation der Oblaten des hl. Franz von Sales" gegründet. Im Gegensatz zu den Niederlassungen z. B. in Südafrika, Griechenland oder Brasilien scheiterte zunächst das Vorhaben, auch in Deutschland eine Niederlassung zu gründen. Nach langwierigen Verhandlungen konnten die Oblaten des hl. Franz von Sales erst am 19. August 1911 ihre Arbeit in Deutschland aufnehmen.

1930 kaufte der damalige Provinzial Pater Bogenberger das heutige Salesianum in Paderborn, das noch eine Suppenküche von den Schwestern der Christlichen Liebe (s. dort) beherbergte, die es vorher als Kindergarten nutzten. Seit dieser Zeit ist das Salesianum das Ausbildungshaus der Deutschen Provinz der Oblaten des hl. Franz von Sales. Das Salesianum bildet mit seinen drei Gebäudeteilen ein langgestrecktes U. Der älteste Teil des Komplexes, der Straßentrakt, wurde 1912 errichtet. Nach den Zerstörungen im Zweiten Weltkrieg baute man den Mittelbau 1955 wieder auf. Betritt man das Hauptgebäude, so gelangt man in ein Foyer, das auch den Zugang zur Kapelle bildet. Im Erdgeschoss sind der Tagungsraum, die Speisesäle mit der modernen Großküche und das Jugendcafé untergebracht. In den oberen Stockwerken liegen die Gästezimmer und die Wohnungen der Ordensbrüder.

Seit mehr als zwei Jahrzehnten ist das Salesianum ein Haus, das sich in der Jugendarbeit engagiert. Heute befinden sich hier eine Schülertagesstätte, ein Schülerwohnheim, eine kleine Jugendbildungsstätte und ein Jugendcafé. Die Einrichtung bietet Jugendlichen und jungen Erwachsenen die Möglichkeit, unter dem Leitgedanken "Kloster auf

Zeit" klösterlich gemeinschaftliches Leben selber zu erfahren. Des weiteren werden Einzelexerzitien und Wochenendseminare angeboten.

Oliver Brehm

Informationen und Auskünfte:

Salesianum
Busdorfwall 28
33098 Paderborn
Tel.: 0 52 51 / 18 77 - 0
Fax: 0 52 51 / 18 77 - 73
E-mail: pater-rainer@t-online.de

Öffnungszeiten:

Die Kapelle, das Jugendcafé und der Eine-Welt-Laden sind werktags von 8.00 – 16.00 Uhr geöffnet.

Gottesdienste:

So 10.00 Uhr
Im Anschluß gemütliches Beisammensein.

Provinzialat der
Missionsschwestern vom Kostbaren Blut

Paramentenwerkstatt

Seit 1914 unterhalten die Mariannhiller Missionsschwestern vom Kostbaren Blut eine Niederlassung in Neuenbeken. Die Anfänge der Kongregation liegen in Mariannhill in der Nähe der südafrikanischen Hafenstadt Durban. Dort hatte der österreichische Trappistenpater Franz Pfanner (1825 - 1909), der Bitte eines südafrikanischen Bischofs folgend, 1882 ein Kloster seines Ordens gegründet. In der neuen Umgebung erkannte er bald die Notwendigkeit praktischer Missionsarbeit. Drei Jahre später rief er Frauen als Missionshelferinnen aus Deutschland nach Afrika.

Mariannhill wurde führend durch seine kulturellen, sozialen und wirtschaftlichen Einrichtungen. Papst Pius X. wandelte 1909 die Abtei in eine vom Trappistenorden unabhängige Missionsgesellschaft um. Damit war auch der Weg für eine weibliche Gemeinschaft endgültig frei. Die Mariannhiller Missionare und Schwestern bilden heute eine internationale Ordensgemeinschaft mit Niederlassungen in 19 Ländern. Ihr Hauptwirkungsgebiet liegt traditionsgemäß in Afrika.

Der Gründer der Kongregation wurde in seinen Bemühungen von der späteren Generaloberin Paula Emunds (1865 - 1948) tatkräftig unterstützt. Sie ging 1886 nach Mariannhill, kehrte 1889 aber nach Europa zurück, um in Deutschland und den Niederlanden Ausbildungsstätten für zukünftige Missionsschwestern aufzubauen. Auf ihre Initiative hin ist auch das Haus in Neuenbeken entstanden.

Nach wie vor ist dessen Hauptaufgabe, ordenseigene Nachwuchskräfte für den Dienst in den Missionen heranzubilden. Als Sitz des deutschen Provinzialats nimmt es innerhalb der Kongregation eine wichtige Stellung ein. Das Betätigungsspektrum am Ort hat sich im Laufe der Zeit jedoch in mehrfacher Hinsicht erweitert. Die Schwestern nehmen heute pastorale, pädagogische und karitative Aufgaben wahr. Im Zentrum ihres Handelns steht das Gebet.

An neuen Einrichtungen unterhält das Kloster eine Begegnungs- und Bildungsstätte, das Franz-Pfanner-Haus, eine Paramentenwerkstatt und das Altenheim St. Anna. Das Bildungshaus steht Gästen für Einkehrtage, Exerzitien und Tagungen offen.

Zu einem Besuch lädt die Kirche ein. Den Vorraum erhellen Glasfenster mit Darstellungen der Ordenspatrone. Im Inneren hat der Altarraum eine besondere Gestaltung erfahren. Die Rückwand füllt ein Mosaik, das Christus auf den Sphären des Himmels, umgeben von zwei Engeln mit einer Fackel und einer Waage, als den Erlöserkönig zeigt. Der Kelch und die Traube in seinen Händen bringen symbolhaft die Beziehung zum Namen der Kongregation zum Ausdruck. Die der Gemeinschaft angehörende Schwester Michael Kroemer hat das Werk geschaffen. Von ihr stammen ebenfalls ein Josefsmosaik und der Kreuzweg in der Kirche. Bei dem spätgotisch anmutenden Tafelbild links vom Altar handelt es sich um eine Nachbildung.

Von der Kirche sind es nur wenige Schritte zur Paramentenwerkstatt. Dort werden nicht nur liturgische Gewänder angefertigt, sondern auch Restaurierungen ausgeführt. Unter den kunstfertigen Händen der Schwester Augustine Ermrich und ihrer Helferinnen entstehen bewundernswerte Arbeiten meisterlicher Stickkunst.

Ein Gang durch den Garten führt zum Passions- und Auferstehungsweg, den Schwester Michael Kroemer 1985 zum einhundertjährigen Bestehen der Kongregation nach den Berichten des Johannesevangeliums eingerichtet hat.

Peter Möhring

Informationen und Auskünfte:

Missionshaus Neuenbeken
Alte Amtsstr. 64
33100 Paderborn-Neuenbeken
Tel.: 0 52 52 / 96 50 - 0 oder - 16
Fax: 0 52 52 / 96 50 - 60
Internet: http://home.t-online.de/home/sam.cps

Öffnungszeiten:

Führungen durch die Einrichtung mit ihrem kleinen Missionsmuseum nach vorheriger Anmeldung.

Gottesdienste:

Werktags	6.35 Uhr (Laudes)
	7.00 Uhr (Eucharistiefeier)
	18.00 Uhr (Vesper)
Mo u. Do	18.00 Uhr (Eucharistiefeier)
So	6.45 Uhr (Laudes)
	7.30 Uhr (Eucharistiefeier)
	18.00 Uhr (Vesper)

Mutterhaus der Franziskanerinnen

Südansicht

Die Kongregation der Salzkottener Franziskanerinnen wurde von Mutter Maria Clara Pfänder (1827 - 1881) im Jahre 1859 gegründet. Die Gründerin, die von 1850 bis 1859 bereits der Gemeinschaft der "Schwestern der Christlichen Liebe" in Paderborn angehörte und 1858 das staatliche Lehrerinnenexamen bestanden hatte, suchte für sich eine strengere Lebensform, wobei ihr Mutter Pauline von Mallinckrodt (1817 - 1881) sehr half. Nach einem Gespräch mit Bischof Konrad Martin von Paderborn (1856 - 1879) entschied sie sich zur Gründung einer eigenen geistlichen Genossenschaft, deren Mitglieder vor allem durch die ewige Anbetung des Altarsakramentes der bedrängten Kirche helfen und sich zusätzlich karitativen Aufgaben widmen sollten. Zusammen mit zwei anderen Frauen gründete sie in Olpe/Westf. eine Kongregation mit den oben genannten Zielen. Am 30. Oktober 1860 bestätigte der Bischof die Konstitutionen von Mutter Clara und gab der Gemeinschaft, die nach der Franziskus-Regel leben wollte, die Bezeichnung "Schwestern des heiligen Franziskus, Töchter der heiligen Herzen Jesu und Maria".
Am 19. März 1863 wurde der Sitz der Gemeinschaft nach Salzkotten verlegt, wobei einige Schwestern in Olpe blieben. Dort entstand 1865 eine selbständige Kongregation mit der Bezeichnung "Arme Franziskanerinnen von der ewigen Anbetung". Die Salzkottener Gemeinschaft blühte rasch auf, zumal die Gründerin stets offen für neue Aufgaben in Kirche und Gesellschaft blieb. So leisteten die Schwestern in den Kriegen von 1866 und 1870 Hilfsdienste in den Lazaretten und später an Orten, wo Seuchen und Epidemien ausbrachen (Sachsen, Hannover, Rheinland). Hinzu kamen weitere "normale" Krankenpflege- und Bildungsaufgaben; 1873 besaß die Genossenschaft bereits 22 Niederlassungen.
Wie für alle Ordensgemeinschaften bedeutete auch für die Salzkottener Franziskanerinnen der Kulturkampf einen herben Einschnitt. Bischof Konrad Martin hatte der Gründerin "Geheimvollmachten" erteilt, sodass sie trotz des Verbotes zahlreiche Neueinkleidungen vornahm, was zu Spannungen mit dem Superior führte. Am 14. Juni 1880 legte die Gründerin freiwillig die Leitung der Gemeinschaft nieder. Während einer Romreise starb sie dort am 5. Oktober 1882 und wurde

auf dem Campo Verano beigesetzt. Nachdem sie wegen ihrer Haltung später völlig rehabilitiert worden war, brachte man an der Kirche des "Campo Santo Teutonico" im Schatten des Petersdomes eine Gedenktafel an, die an ihre Salzkottener Stiftung erinnert.

Am 1. März 1871 begannen die Schwestern den Krankendienst in Metz (Lothringen), das damals noch zum Deutschen Reich gehörte. Schon früh hatte Mutter Clara Pfänder erkannt, dass ihre Gemeinschaft auch im Ausland in ihrem Sinne tätig sein konnte. Seit 1873 wirkten Mitglieder der Gemeinschaft in Missouri (USA). Bereits 1877 entstand dort eine selbständige Provinz, und 1879 konnten die beiden ersten Amerikanerinnen als Novizinnen aufgenommen werden. Infolge des Kulturkampfes hatte Mutter Clara auch in den Niederlanden seit 1875 Häuser gegründet, wo die Schwestern vor allem Caritasarbeit leisteten. Als 1927 die Aufteilung der Genossenschaft in verschiedene Provinzen erfolgte, wurde auch eine niederländische Provinz gegründet, die bald auch auf der Insel Sumatra wirkte. Heute unterhält die Gemeinschaft

Detail der Fassade

fünf Provinzen (Deutschland, Frankreich, USA, Niederlande, Indonesien), wozu noch die Region Brasilien und Missionsstationen in Malawi, Nigeria sowie in Rumänien hinzukommen. Sitz des Generalats ist Rom. Die Aufgaben der derzeit insgesamt etwa 900 Schwestern der Genossenschaft liegen im karitativen, pflegerischen und pädagogischen Bereich. Besonders wichtig geworden ist heute die Flüchtlings-, Asylanten- und Obdachlosenbetreuung sowie die Pflege von Aidskranken in Afrika.

Die Salzkottener Gebäude gehen zurück auf ein 1862 erworbenes Haus, dessen Scheune zur Kapelle umgebaut wurde. 1870 begann man mit einem Neubau auf der hinteren Straßenseite, der 1872 eingeweiht wurde. Die 1902 zur Hallenkirche im neugotischen Stil vergrößerte Kirche wurde 1957/58 und 1972/73 grundlegend renoviert. In der Kirche hängt ein romanisches Kreuz (Kreuzkapelle), in der Marienkapelle ist eine spätgotische Madonna von 1490 zu sehen. Die Chorfenster wurden 1994 von dem Künstler Wilhelm Buschulte (Unna) gestaltet. Den Franziskusbrunnen im Innenhof errichtete 1990 Werner Klenk (Oelde) und das Kreuz auf dem Schwesternfriedhof ist eine Arbeit von Hilde Schürk-Frisch (Münster). Im Mutterhaus hängen verschiedene Ikonen der Paderborner Ikonenmalerin Katharina Sitnikov-Peters. Die Gemeinschaft ist auch Trägerin des 1966/68 errichteten Salzkottener St. Josefs-Krankenhauses.

Klaus Zacharias

 Informationen und Auskünfte:

Mutterhaus der Franziskanerinnen Salzkotten
Paderborner Straße 7
33154 Salzkotten
Tel.: 0 52 58 / 9 88 - 5
Fax: 0 52 58 / 9 88 - 6 00

 Öffnungszeiten:

Für Besucher sind die Kirche und die Außenanlagen zugänglich.
Kirche: 6.20 - 12.00 Uhr
             14.30 - 18.20 Uhr
Führungen durch die Einrichtung nach vorheriger Anmeldung.

Gottesdienste:

Laudes:	Mo - Fr	6.20 Uhr
	Sa	6.45 Uhr mit Eucharistiefeier
	So u. Feiertage	7.15 Uhr
Eucharistiefeier:	werktags	6.45 Uhr
	So	7.45 Uhr
Vesper:	täglich	18.00 Uhr

Glossar

Abtei
> Selbständiges Kloster, dessen Gemeinschaft von einem Abt
> oder einer Äbtissin geleitet wird.

Apsis
> Halbkreisförmiger mit einer Halbkuppel überwölbter Raum.

Architrav
> Waagerechter, meist steinerner Balken über zwei Stützen, der
> die Dach- oder Giebelkonstruktion trägt.

Arkade
> Auf Stützgliedern (Pfeilern, Säulen) liegender Bogen bzw.
> eine fortlaufende Reihe von Bogenstellungen.

Attika
> Niedriger Aufbau über dem Hauptgesims eines Gebäudes.

B

Basilika
> Drei- bis fünfschiffige, meist nach Osten ausgerichtete Kirche
> mit einem erhöhten Mittelschiff, dessen Mauern auf Säulen
> oder Pfeilern aufliegen.

Beuroner Kongregation
> Monastische Reformkongregation des 19. Jhs., die sich um
> die liturgische Erneuerung, z.B. das feierliche Chorgebet und
> die Pflege des gregorianischen Chorals bemühte.

Bursfelder Kongregation
> Spätmittelalterlicher Zusammenschluß reformeifriger
> Benediktinerklöster mit gleicher Gottesdienst- und
> Lebensordnung.

C

Chor
> Im kirchlich-liturgischen Bereich der für das Gebet der
> Mönche bestimmte Platz in der Kirche. Im architektonischen
> Bereich Bezeichnung für den östlichen, meist quadratischen
> Raumteil der Kirche.

D

Dormitorium
Zunächst gemeinsamer Schlafraum eines Klosters, später auch Gebäudeteil mit den Zellen der Mönche oder Nonnen.

E

Empore
Galerieähnlicher architektonischer Aufbau, der in einem Innenraum steht.

H

Hallenkirche
Mehrschiffige Kirche, deren Schiffe gleich oder annähernd gleich hoch sind.

I

Immunität
Befreiung kirchlicher Personen und Institutionen von Leistungen an die öffentliche Gewalt.

Inkorporation (inkorporieren)
Im kath. Kirchenrecht eine Einverleibung, durch die eine Pfarrei in eine juristische Person, ein Kloster oder ein Dom- bzw. Stiftskapitel, eingegliedert wird.

J

Joch
Gewölbefeld, das in Richtung der Längsachse des Gebäudes gezählt wird.

K

Kanoniker
An mönchischem Vorbild orientierte Gemeinschaft von Klerikern, die sich zum gemeinsamen Leben nach einer Regel verpflichten. Sie legen jedoch kein Gelübde ab und halten an Privateigentum fest.

Kapitell
Auf einer Säule oder einem Pfeiler aufliegendes ausladendes Bauglied.

Glossar

Kapitelsaal
Versammlungsraum der Mönche.

Klausur
Innerhalb eines Klosters den Mönchen bzw. Nonnen vorbe-
haltener, daher abgeschlossener Wohnbereich. Die
Klausurregelungen sind unterschiedlich streng abgefasst.

Kollegiatstift
Geistliche Körperschaft von Kanonikern, die den Gottesdienst
an der Stiftskirche verrichten. Das Stiftskapitel widmete sich
hauptsächlich der Pfarrseelsorge, meist auch dem
Schulwesen. Die Stiftskanoniker führten einen eigenen
Haushalt und wohnten in der Nähe der Stiftskirche.

Kommunität
Geistlich geprägte Gemeinschaften der ev. Kirche, die in
Vielem den Orden und Kongregationen der kath. Kirche ver-
gleichbar sind.

Kongregation
Gemeinschaften, die im Unterschied zu den alten Orden nur
einfache Gelübde ablegten und auf Chordienst und strenge
Klausur verzichteten. Zu diesen im ausgehenden 16. Jh. ent-
standenen Gemeinschaften gehören auch die des 19. Jhs.
sowie die Säkularinstitute.

Kontemplation, kontemplativ
Form des inneren Gebets und Ausdrucksform christlicher
Spiritualität.

Konvent
Gesamtheit der stimmberechtigten Mitglieder der
Gemeinschaft.

Kreuzgratgewölbe
Gewölbe, in dem die Kanten (Grate) der Flächen kreuzförmig
aneinanderstoßen.

M

Missionsorden
Gemeinschaften der katholischen Kirche, die sich die
Verbreitung des christlichen Glaubens in der Welt zum
besonderen Ziel gesetzt haben.

Noviziat
Probezeit zu Beginn des Ordenslebens.

Oblaten
Katholische Gemeinschaften des 19. und 20. Jhs., die sich in der Erziehung, der Seelsorge und teilweise in der Mission engagieren. Die Mitglieder legen meist einfache Gelübde ab.

Observanten
Reformbewegung der Franziskaner, die sich die strenge Einhaltung der Regel des hl. Franz von Assisi zum Ziel gesetzt haben.

Oratorium
Im weiteren Sinne ein Betsaal an einer Kirche, oft durch ein Fenster mit ihr verbunden.

Orthodoxe Kirche
Heute versteht man unter den orthodoxen Kirchen alle Ostkirchen, die aus der byzantinischen Kirche hervorgegangen sind und von der Lateinischen (Römischen) Kirche des Westens getrennt sind. Die Ostkirche setzt sich aus selbständigen Kirchen zusammen. Nach der Spaltung der orthodoxen Kirchen im 5. Jh. rechnet man die Koptische und die Syrische Kirche zu den Orientalisch-orthodoxen Kirchen.

Pilaster
Wandpfeiler.

Polygonal
Vieleckig.

Propstei
Kleinere, meist abhängige Klöster, denen ein Propst vorsteht.

Refektorium
Speisesaal des Klosters. In größeren Anlagen meist ein kleiner, beheizbarer und ein großer, kühler Speisesaal.

Reform, Ordensreform
Reformbestrebungen meinen gewöhnlich die Wiederherstellung der strengen Auslegung der Regel. Solche Bestrebungen gab es in den Orden und ordensähnlichen Gemeinschaften zu allen Zeiten.

Regel, Ordensregel
Die meist von dem Ordensstifter stammende und mit seinem Namen verbundene, schriftlich fixierte Lenbensordnung der Gemeinschaft.

Retabel
Mit bildlichen Darstellungen versehener Altaraufsatz.

Risalit
Aus der Fluchtlinie des Hauptbaukörpers vorspringender Bauteil, der oft ein eigenes Dach hat.

S

Saalkirche
Kirche, deren Innenraum nicht durch Pfeiler oder Säulen unterteilt ist.

Sakristei
An den Chor anschließender Raum, der zur Aufbewahrung der Kultgeräte und zum Ankleiden der Priester dient.

Säkularisation
Allgemein eine Verweltlichung geweihter Personen und Sachen. Hier der umfassende Enteignungsprozess der katholischen Kirche vom Ausbruch der französischen Revolution 1789 bis zur europäischen Neuordnung im Wiener Kongress 1815 verbunden mit der Aufhebung bzw. Zerstörung von Kirchen und Klöstern und der Konfiszierung ihres Besitzes durch die staatliche Gewalt.

Schiff, Kirchenschiff
Innenraum längsgerichteter Bauten. Bei mehrschiffigen Anlagen bildet der mittlere Raum das Mittel- oder Hauptschiff, die seitlichen, in der Regel paarweise und niedriger angelegten Räume die Seitenschiffe.

Simultankirche
Kirche, die mehreren Bekenntnissen zur Verfügung steht.

Skriptorium
Schreibstube der Mönche.

Stift
Geistliche mit Grundvermögen und besonderem Rechtsstatut ausgestattete Stiftung. Mitglieder werden Stiftsherren und -damen bzw. Kanoniker und Kanonissen genannt. Die Bezeichnung ging auch auf die geistlichen Fürstentümer, so z.B. Hochstift, über.

Stipes
Träger der Mensa (Platte) eines Altars.

Zur Erstellung des Verzeichnisses der Fachausdrücke wurden folgende Werke benutzt:

G. Dehio, Handbuch der deutschen Kunstdenkmäler, unveränderte Neuauflage mit Nachträgen, München 1986. - H. Koepf, Bildwörterbuch der Architektur, unveränderter Nachdruck der 2. Aufl. von 1974, Stuttgart 1985. - Ausstellungskatalog Monastisches Westfalen, Klöster und Stifte 800-1800, Münster 1982. - G. Schwaiger (Hrsg.), Mönchtum, Orden, Klöster von den Anfängen bis zur Gegenwart. Ein Lexikon, München 1993.

Anfertigung des Verzeichnisses: Oliver Brehm

Zu einzelnen Einrichtungen liegen in der Regel Monographien bzw. kleinere Abhandlungen vor. Auskünfte hierüber erteilen die jeweiligen Einrichtungen gerne.
Zur weiteren Lektüre sei hier allgemein auf folgende Werke hinge-wiesen:

- Austellungskatalog Monastisches Westfalen, Klöster und Stifte 800-1800, Münster 1982.
- K. Hengst (Hrsg.), Westfälisches Klosterbuch, Lexikon der vor 1815 errichteten Stifte und Klöster von ihrer Gründung bis zur Aufhebung, Teil 1-2, Münster 1992-1994.
- G. Dehio, Handbuch der deutschen Kunstdenkmäler, Westfalen, unveränderte Neuauflage mit Nachträgen, München 1986.
- G. Schwaiger (Hrsg.), Mönchtum, Orden, Klöster von den Anfängen bis zur Gegenwart. Ein Lexikon, München 1993.

- P. Dinzelbacher - J.L. Hogg (Hg.), Kulturgeschichte der christlichen Orden in Einzeldarstellungen, Stuttgart 1997.
- Lexikon für Theologie und Kirche, Freiburg / Basel / Rom / Wien, 1993 ff. (bisher erschienen Bd. 1 - 8).
- Theologische Realenzyklopädie, Berlin / New York, 1977 ff. (bisher erschienen Bd. 1 - 29).